平和への祈り

宗教間対話の可能性

杉谷義純

春秋社

平和への祈り——宗教間対話の可能性　目次

平和への祈り――宗教間対話の可能性

はじめに

南ベトナムへの訪問

私が平和について真剣に考えるようになったのは、昭和四十年、戦下の南ベトナムを訪問したときからでした。それまでは、生まれたのが昭和十七年ですから、戦争の記憶はなく、空襲が始まると田舎に疎開はしましたが、その思い出も実は周囲の人から話を聞いて、記憶となったものばかりでした。空襲警報が鳴って慌てて防空壕に飛び込んだとか、焼夷弾が寺の屋根に引っかかったので、村人が大騒ぎして、やっとのことで爆発させずに無事に取り外したなどと、そこには悲壮感が漂うものではなく、なつかしい思い出話の類でした。すなわち何度も何度も大人たちの話を聞かされているうちに、まるで幼い頃に体験したように、記憶に刷り込まれていったのです。

家族や親戚に戦死者が出たわけでもなく、東京に戻り小学校に通うようになっても、食糧事情はよくなかったものの、子どもには水団《すいとん》や芋でも生まれたときからのものだから、別に苦になることもありませんでした。時おり轟音と共に米軍機が都心の空を横切ったけれども、たまたま路肩に駐車しているジープから、気のよさそうな米兵がガムやチョコレートを子どもたちにくれたりしました。だから私は戦争をまったく知らない世代ということになります。

その私が動乱の南ベトナムを訪れることになったのです。当時ベトナムは第二次大戦後フランスから独立したものの、ソ連の影響下の北ベトナムと米国影響下の南ベトナムに分かれていました。そして南ベトナムでは、南ベトナム解放戦線が組織され、政府軍と衝突して内戦状態を呈していました。そこで米国は解放戦線をベトコン（ベトナムコミュニスト）と断定し、政府軍を支援していました。しかし解放戦線は攻勢に立ち、首都サイゴン（現ホーチミン）に迫る勢いでした。そんな時期に南ベトナム仏教会から、サイゴンで仏教青年会議を開催する招待状が舞い込んだのです。

私は当時、大学仏教青年会議議長という立場にありました。この組織は関東にある慶応や早稲田をはじめ、大正、駒沢などの仏教系の大学など、十二大学の仏教青年会で組織された連合体でした。仏教青年会とは文系のサークルで、仏教に関する知識、仏教美術、坐禅などを研究したりする部活動です。そこで全日本仏教青年会を通じて五名が日本を代表して南ベトナムに行くことになり、その中に私も選ばれたのですが、学生は私一人でした。

空から見たベトナムは、とても美しいものでした。青々としげる深い森林、その間をゆったりと大きくくねるように流れるメコン川。その水が赤茶色で森の緑とコントラストを見せて、いっそう緑を引き立たせていました。動乱のベトナムとか、戦争の泥沼にうめくベトナムとか、いろいろな言葉で語られるベトナムは、空から見る限り、平和そのもののように感じられました。しかし国内に一歩足を踏み入れた途端、事態は一変しました。

まず空港です。民間機が発着するサイゴンのタンソニュット空港は、完全な軍事体制が敷かれ、軍用機はもちろん、ものものしく武装した兵士で溢れていました。さすがにまだサイゴン市内では戦闘は行われていないとのことですが、テロ事件は市民にとって日常茶飯事だと聞き、緊張がいっそう高まりました。さらに驚いたのは、案内された宿舎です。爆風で四階から上は吹き飛ばされたものの、そのまま営業を続けているホテルだったのです。ロビーは広く立派で、米兵の姿も見られました。私がフロントで恐る恐る安全性について聞くと、警備には万全を期しているので大丈夫だ、という答えがすぐ戻ってきました。もう覚悟を決めるよりしかたがありません。そうは思っても、日没後周囲が暗くなりはじめると、遠くの方から大砲の音が響いてきます。戦闘は夜になると郊外で政府軍と解放戦線との間で行われるが、市内は心配いらないと、案内役のザン君が落ち着いていていいいました。

明日からは会議だからと、早めにベッドに入ったのはいいけれども、砲声を子守歌に寝られるような兵《つわもの》ではありません。少しまどろんだと思ったら窓の外が白々と明けはじめ、砲声もいつのまにか消えていました。

アンクワン寺

私たちはボランティアのザン君の案内で、会議場となっている仏教会本部のある、アンクワン寺へ向かいました。サイゴンの中心部はフランス統治時代の瀟洒《しょうしゃ》な白壁の西洋館が建ち並び、まだ戦闘の雰囲気は微塵も感じられない様子です。それを過ぎて中心部を離れ、ややゴミゴミしたところに仏教会本部はありました。

今回の会議の目的は、南ベトナムの置かれた真実の姿を、アジアの同胞である仏教徒に見てもらい、世界の人々に伝えてほしいというものでした。南ベトナム仏教青年会の会長チェン・ミン師は、民衆に人望のある四十代の青年指導者です。戦争に反対して平和を求めた仏教徒には、政府は厳しい弾圧を加えていました。チェン・ミン師は次のように語りました。

「今、二十歳の青年は平和を知らない。生まれる前から戦争が続いているのだから。もう民族の悲劇は極限に達している。多くの民衆は、イデオロギーなど関係ない。やれ米国だ、いや中共だというより、平和な明日、生活の安定をみんな望んでいる。私は共産主義は嫌いだ。しかし米国も好きではない。ベトナムの問題は、けっして物資援助や武力で解決できるものではない。ベトナムのことはベトナム人にまかせてほしい」。

確かに極度のインフレ、鉄道の遮断、生活の困窮など、戦争の影響はあちこちに出ていました。農村には、若い人が戦争に狩り出されてあまりいないようです。都市部では、金持ちの息子は留学と称して海外に逃れ、貧しい家の若者は徴兵を逃れて、屋根裏にひそんでいるといいます。政府の腐敗はあちこちで進み、不公正がまかり通り、それに抗議する者は容赦なく弾圧されるという構図ができあがってしまっているのです。

難民キャンプの視察

私は会議の日程が空いた日に、難民キャンプの視察に出かけました。ある通信社の好意によるものですが、若い宗教者にぜひともその実態を見てもらい、宗教者のはたしうる役割を考えてほしい、というものでした。そしてひと言、日没前には必ずサイゴン市に入れるようメコン川の橋を渡ってほしい、とその特派員はつけ加えました。そうしないと戦闘がはじまり命が保障されないわけです。私は帰国してからの資料にするために、二つほど難民キャンプをまわり、その窮状や支援の可能性などいろいろと聞きましたが、その苛酷な状態に置かれている人々の様子を見て、たいへんショックを受けました。

私は上野に住んでいますが、子どもの頃、現在世界遺産になった西洋美術館のあたりが、戦災で住む場所のなくなった浮浪者の生活の場所でした。バラックというか、錆びついたトタン屋根が続くスラム街で、悪臭が常に漂っていました。これはまさしく戦争の負の遺産でありましたが、今やまったくその片鱗もありません。しかし難民キャンプを見て、その様子がまざまざと蘇ってきました。戦争は人の命を奪い、運よく生きながらえた人々の生活を奪い、あらゆるものを奪い去ろうとするものであることを、その時つくづくと考えさせられたのでありました。

気がつくと天上にあったはずの太陽も、西の方へだいぶ傾きはじめていました。そこで私は運転手に急いでサイゴンに戻るように頼みました。車はそうとうスピードを出したので、やがて渡るべき橋が見えてきました。これなら日没までに市内に入れると、ほっと一安心したのもつかのま、橋のたもとからこちらの方へえんえんと続く車列が目に飛び込んできたのです。日没までに橋を渡ろうとする車が、あちこちから殺到してきたのでした。

日は容赦なく西へ傾いていきます。車列は遠慮するかのようにノロノロとしか進みません。いらいらしてもなすすべもありません。一瞬西の空が少し明るくなったと思ったら、すぐに夕闇が迫ってきました。日没です。運転手はベトナム人なので、言葉がほとんど通じません。ただ黙々とハンドルを握っています。

するとと遠くの方で大砲の音が鳴りはじめました。心臓の鼓動が急に大きくなり、まるで周囲に聞こえるようです。もうこれでいよいよダメか、などと思ったり、運転手は平静を保っているので大丈夫だろう、などとまるで根拠のないことばかりが頭を巡りました。すると突然大きな橋柱が目に飛び込んできました。やれやれ助かった、そう思った途端、急に疲れが全身に出てきたのを覚えています。

解放戦線指導者との面会

もう一つ、私はベトナムで貴重な体験をしました。当時の欧米系や日本のメディアでは、南ベトナムの民族解放戦線をベトコン、すなわちベトナムの共産主義者と報道していました。すなわち北ベトナムやソ連の支援を得て、政府に戦いを挑んでいるグループと定義しているのでした。ところが実際にベトナムに来てみると、民族解放戦線は共産主義者ではなく、ベトナム人の手によって祖国を建て直そうとめざす、反政府勢力であることがわかりました。そして志のあるいろいろなグループがあることもわかったのです。

　そこでそれらのリーダーの一人と会い、その生の声を聞く機会を得たのです。もちろん反政府勢力のリーダーと目されている人ですから、そう簡単には会えません。その方法はまるでテレビドラマに出てくる秘密結社の親玉に会うのと、そっくりでした。まずAというホテルまで行けば、そこに案内人が待っているというのです。そこへ行くと、私の名を確認した案内人がメモをくれました。そこには次に行くべき場所の地図が示してあり、その地図を頼りに目的地まで行きました。するとそこにも案内人がいて、今度は私を先導してくれました。目かくしこそされませんでしたが、いささか不安となりました。けれども、紹介者がしっかりした身分の人であったこと、そして必ず安全にホテルまで送り届けることをその人が保障してくれたので、私は決断したのでした。やがて何の変哲もない、やや古びた三階建のビルのドアを案内人がノックをすると、ドアが開き、玄関ホールを経て応接間に案内されました。

　私はどんな歴戦の闘士が出てくるのかと、緊張して待っていると、何と薄紫色のアオザイを着た、スラリとした美人が目の前に現れ、びっくりしました。彼女はフランス語で私に語りかけました。それを隣の青年が英語に訳してくれました。

現在政府から追われているので名前を明かすことはできないが、反政府運動の市民組織のリーダーであるとのことでした。そして何より求めていることは、自分たちの手で、いわゆるベトナム人によって、自主的に国を再建したいこと、米国の支援によって成り立っている政府はまったく民心が離れていること、かといって北ベトナムによる統一はまったく望んでいないことなどを述べました。この点に関しては、仏教会のリーダー、チェン・ミン師の主張とまったく同じように思われました。しかし国民の目線に立つ解放戦線側の人々の中にも、北ベトナムの支援を受ける共産主義勢力も浸透しており、なかなか一枚岩でないことを知ることができました。

彼らの苦悩は、ベトナム戦争は、東西冷戦の代理戦争などではなく、第二次大戦後祖国の自主的な独立をめざしてきた、民族の悲願から生じたものであることを世界に知ってほしいというものでした。自由主義を守るという錦の御旗のもとに、南ベトナム政府をテコ入れしている米国の行動に、かえって善良な一般市民が苦しめられている現実がそこにありました。そしてベトナム戦争について当時いろいろな報道がなされ、日本においてもそれらに接してきた私にとって、現地で見聞きすることのギャップがどこからくるのか、それはいったいどうしてなのか、など大きな問題を突きつけられたような気がしました。さらに平和とは何かという、一大学生であり、宗教者の端くれにとってとてつもなく大きな命題を背負い込んだ気がしました。

平和への長い旅路へ

そのうえ私にとって大きな難問が待ち受けていました。それは反政府運動を展開する僧侶への厳しい弾圧に抗議した僧が、ガソリンをかぶって火をつけ、壮絶な死を遂げた事件でした。当時の米国のジョンソン副大統領は、この死をたんなる生命の浪費だと片づけてしまいました。多くの日本人も副大統領ほどの乱暴な言葉を用いなくても、批判的なことは当然であろうと思います。

しかしベトナムの人々はけっしてこれを焼身自殺とはいわず、焼身供養だといいます。

たんなる抗議の自殺では戒律に背き、むしろ形式主義で一過性のもので、それほど深い意味を持たないといいます。たんに自国の平和のみならず、世界の絶対平和を願う信仰の極致としての菩薩行だと彼らはいうのです。確かに『法華経』の第二十三章・薬王菩薩本事品の中に、体を清浄にするために香油を飲み、みずからの体に火をつけて供養した菩薩の話が出てきます。その火は実に千二百年の間燃え続け、宇宙のすみずみ（ガンジス川の砂の八十億倍の世界）まで届いたといいます。生死を越え、人知を超えた信仰の極致の世界は、軽々に論ずることはできませんが、ベトナムの苛酷な状況がひしひしと伝わってくるのは事実であります。ここに平和と命の問題も提起されています。私のベトナム訪問は、それからの答えのなかなか見つからない、平和への長い旅路の第一歩になったということができましょう。

諸宗教間対話の黎明とバチカン公会議

第二回バチカン公会議

諸宗教間の交流が、世界的規模で展開されるようになったのは、第二回バチカン公会議（一九六二〜一九六五）以降といえるでしょう。公会議とはバチカンを頂点とするカトリック教会が、教会全体に関わる重要な決定を行う会議のことです。だいたい百年から三百年に一回ずつ開かれています。第一回の公会議はニカイア公会議といわれ、歴史の教科書などにも出てきます。三二五年に現在のトルコのイズニクで招集され、アリウス派を異端としたことで有名です。そして第二回バチカン公会議とは、バチカンで開かれた二回目の公会議という意味で、ちなみに第一回バチカン公会議は一八六九年から七〇年にかけて開かれました。

さて、第二回バチカン公会議では「我らの時代に」という、各教会が諸宗教に対して開かれた姿勢を取るよう勧奨する公会議文書が発表されました。それは一九六五年十月二十八日のことでした。全世界で信徒が十一億人といわれるカトリックの最高決議機関である公会議で、組織として正式にキリスト教以外の宗教の存在を公認することを決定したことは、内外にたいへん大きな影響力があります。特にその内容が、カトリック教会がそれまで守ってきた姿勢のコペルニクス的転回であったために、世界を驚かせただけでなく、カトリック教会内部に対しても衝撃的なものであり、むしろ多くの神父たちを狼狽させたといっても過言でないほどの出来事でありました。

第二回バチカン公会議で公布された「我らの時代に」という、キリスト教以外の諸宗教に対する教会の態度についての宣言を紹介すると、その要旨には次のようなことが書かれています。

「カトリック教会は、これらの諸宗教の中に見出される真実で尊いもの（ヒンドゥー教の哲学や修行。仏教の教理や修法など）を何も排斥しない」「教会はみずからの子らに対して、キリスト教の信仰と生活を証明しながら、賢慮と愛をもって、他の諸宗教の信奉者との話し合いと協力を通して、彼らのもとに見出される精神的、道徳的富および社会的、文化的価値を認め、保存し、さらに促進するよう勧告する」「人と人の間、民族と民族の間に、人間の尊厳とそれに基づく諸権利に関して差別を導入するすべての理論や実践は、根拠のないものである。したがって教会は、民族や人種、身分や宗教の違いのために行われるすべての差別や圧迫を、キリスト教の精神に反するものとして退ける」。さらに宣言文では、ムスリムやユダヤ教徒についても明確に過去の不和と敵意を忘れ、相互に理解を深めることを提唱しているのです。

それまでのカトリック教会は、神につながるものは唯一自分たちだけであり、自分たちだけが真理の唯一の所有者であると信じ、他宗教をまったく認めず、共に並ぶことを拒否した歴史を歩んできました。ですからまさに教書「我らの時代に」の発表は、カトリックの方針の大転換でありました。そのうえ第二回バチカン公会議まではカトリック教会内部においても、キリスト教間の教会一致（エキュメニカル）について対話を進めるべき意見はあったものの、諸宗教との対話を提起することはほとんどありませんでした。たとえばキリスト教徒でない住民のなかで活動しているイエズス会のメンバーであるとか、アフリカ宣教団のメンバーの一部など、ごく限られた人々が諸宗教対話の重要性を指摘していただけでした。

しかしながら、「我らの時代に」が公布される前に、パウロ六世教皇によって一九六四年、「非キリスト教関係事務局」が設置され、そこで諸宗教対話に関する神学（理論）的側面と実践的側面との両面から深い考察がすでに加えられ、発表に備えられていたといいます。パウロ六世教皇は新方針の発表の反響をじゅうぶん予想して、その準備にあたってきたのです。そして第二回バチカン公会議で中心的な役割をはたしてきたのが、そののち教皇になって諸宗教対話を強力に推進したヨハネ・パウロ二世やベネディクト十六世であったことは、あまりにも有名な話しであります。

初代の非キリスト教関係事務局の局長には、駐日バチカン大使を十五年にわたって務めたマレラ枢機卿が任命され、一九六五年三月教皇特使として日本を訪れました。そして宗教間対話に関心を持つ日本の宗教代表者や研究所を訪問、バチカンの諸宗教に対する新しい姿勢について説明しました。これは公会議の正式文書が発表される半年も前のことですから、いくらマレラ枢機卿が知日家であったとしても、少し驚かされることであります。むしろ知日家であるゆえに、日本に諸宗教間の対話の可能性を期待していたのではないでしょうか。

さらにそのとき、マレラ枢機卿が当時の立正佼成会の庭野日敬会長を、バチカン公会議の第三会期にゲストとして招待することを非公式に伝えたことは注目しなければならないでしょう。なぜバチカンは日本の宗教者の代表として庭野師に白羽の矢を立てたのでしょうか。オリエンス宗教研究所所長スパー神父を通して、「教義が穏健で創立者が活躍中であり、教線が拡張していること」がその理由に挙げられています。しかしそれだけでは伝統宗教であるバチカンが宗教対話を推進するのに、日本の伝統宗教を相手にせず、新宗教のみに期待することになります。日本の宗教事情を考えれば、かえって宗教対話を困難なものにしてしまうおそれがあるでしょう。

そこで私は本当の理由を次のように考えております。（一）立正佼成会が新宗教ではあるが、日本の宗教界に影響力を持ちうる大きな仏教系教団であること。（二）宗教対話や協力に対して、教団の組織として正式に決定し、会長はじめ指導者たちが率先して取り組んでいること。

日本の宗教界の代表をバチカン公会議へ招くとすれば、常識的に見ればまず仏教界か神社界の代表でしょう。たとえば仏教界でいえば、全日本仏教会の会長とか、大教団の管長であります。しかし全日仏は機関として宗教協力の具体的推進を決議したり、予算措置をしたりしているわけではありません。また会長は各宗の輪番制で役員は役務就任です。ですから、必ずしも宗教協力に積極的な人が就任するとは限りません。一方、大教団の管長となると、その所属教団が宗教協力について公式に決定し、教学的な検討を加え、教団の方針として実践活動を認め、予算を決めているケースはほとんどないのです。神社の方も同様です。

ですから、伝統仏教の代表を招くとなると、結果的にそれは個人的色彩の強い招待となり、広く所属教団の活動に生かされることが少なくなる可能性があるわけです。そこで庭野会長のような立場にいる人を招けば、宗教間の対話にとって大きな意味があると、バチカンは考えたのではないでしょうか。事実、庭野日敬師は、その後世界宗教者平和会議創設に中心的な役割をはたし、宗教間の対話協力に大きな足跡を残されたことは、みなさんご承知のとおりであります。このことは、のちに設置されたバチカン諸宗教対話評議会次官を務めたフィッツェ・ジェラルド司教が、「組織は対話に対する個人的な努力を支えることができるし、世代を越えて継続していくことが期待できる」として、カトリック教会が、各宗教教団が教団として公式な対話機構を持つことを期待していることからも裏づけられるのであります。

以上述べてきましたように、第二回バチカン公会議における「キリスト教以外の諸宗教に対する教会の態度についての宣言」が発表されると、諸宗教間の対話の促進にカトリック教会が積極的に参画するようになり、諸宗教間の交流がいちだんと盛んになっていきました。しかしそれ以前からもすでに、世界平和のために諸宗教が協力することの必要性を訴え、活動していた日本の宗教者が少なくありませんでした。その一つが宗教者による世界連邦運動でした。

世界連邦運動

世界連邦運動は、広島、長崎に原爆が投下されたところから、人類が遭遇したもっとも恐るべき危険を除去するためには、世界連邦政府しかないという、アインシュタイン博士、アーノルド・トインビー博士、バートランド・ラッセル卿などの提言に基づき、はじめられたものであります。そして一九四七年スイスのモントルーで、第一回目の世界連邦大会が開催されたのです。そして日本にも一年後の広島原爆投下三周年に世界連邦建設同盟が結成されました。その前一九四七年、築地本願寺において、日本宗教連盟主催による「全日本宗教平和会議」が開催され、各宗教・宗派の代表が参加しましたが、その席上、臨済宗円覚寺派管長の朝比奈宗源老師が「世界国家案」を提案、採択されました。その要旨は「人類平等を標榜する宗教精神に基づき、現在各国が有する主権の一部を世界国家に移譲、軍備を撤廃してその費用を低開発国の支援に充てる」というものであります。宗教者が連帯して平和の実現に向けて動き出そうとする第一歩でもありました。

そこで朝比奈老師は具体的な運動展開のために「世界連邦日本仏教徒協議会」を組織、一九六三年に開催された第十一回世界連邦東京大会に、正式に参加しました。そして「宗教の理想と世界連邦」と題し、世界連邦の建設には、各宗教が持つ道義の問題を取り上げ、根底とするべきであると提案をしました。しかしこの時はカトリックが、他の宗教と協調することに賛同しなかったため、キリスト教側の世界連邦運動はまだ組織されず、参加は見送られてしまったのです。ですから宗教者による平和運動に関して、仏教の方がキリスト教より先行したのは、我が国ではたいへん珍しい例だったといえるでしょう。そこでカトリックは組織が大きいがゆえに、平然と孤高を守っている様子が、他の宗教からは批判的に見られたこともありました。

さて一九六五年の第十二回世界連邦サンフランシスコ大会には、日蓮宗管長藤井日靜師が提案し、世界連邦世界協会（ＷＡＷＦ）の中に正式に、「宗教委員会」を設置することが決定されました。そこでいよいよ日本国内の宗教委員会の設立が急がれたのであります。

ところがさいわいに一九六五年カトリック教会が、第二回バチカン公会議の決定により、諸宗教との対話、協力を公認したため、日本のキリスト教界においてもただちに世界連邦キリスト者協議会が設立されることになったのです。

その結果、仏教とキリスト教の二団体が中心となって、他の神道、教派神道、新宗教に呼びかけ、一九六七年には「世界連邦日本宗教委員会」が、ついに発足したのであります。そして一九六九年八月、身延山久遠寺において、藤井日靜師を大会委員長とする「第一回世界連邦平和促進宗教者大会」が盛大に開催されたのでした。この大会には二千三百人にも及ぶ宗教者並びに世界連邦推進者が参加、次のようなテーマについて討議し、宗教代表者による共同コミュニケが発表され、幕を閉じました。

総括的テーマは「世界の平和と日本」であり、(一) 世界の転換期に処する宗教者の使命、(二) 家庭の平和から世界の平和へ、(三) 人間性の復興と世界連邦者の立場など、六つのテーマにより分科会で討議が重ねられたのでした。その結果、宣言では、世界連邦世界協会に加盟の各国において、世界連邦宗教委員会を設置すること、宗教者は宗教協力を通じて世界連邦の方式による恒久平和を追求すること、などを決議したのであります。

その後世界連邦日本宗教委員会では、毎年日本の各宗教の聖地で、世界連邦平和促進宗教者大会を開催し、今日に至っています。

世界宗教者平和会議の発足

第 1 回 WCRP 世界大会（1970年・京都）での分科会の様子（©立正佼成会）

世界宗教者平和会議

一九七〇年十月十六日から六日間、京都の宝ヶ池国立京都国際会館を会場に、宗教史上未曾有の諸宗教による大規模な国際会議が開催されました。参加者は世界三十九ヶ国から、約三百名に及ぶ宗教者が集い、それもそれぞれ各宗教を代表し、出身地域で影響力を持つ宗教指導者が少なくありませんでした。この世界宗教者平和会議（WCRP京都会議）が開催された一九七〇年は、まさに宗教間対話の歴史において忘れられない年であるといえましょう。

開会式の模様は圧巻でした。黒衣に円筒型の帽子をかぶるギリシャ正教はじめ正教系の人々、赤色のガウンに同色の円型のお皿のような小さな帽子を頭の上に載せたカトリックの大司教、髭を生やし黒の礼服に黒色の丸い小さな帽子を頭に載せているユダヤ教のラビ、剃髪に黄色い衣をまとった南方の仏教僧、頭にターバンを巻いたシーク教徒、もちろん黒染めの衣の日本僧や、紋付きに威儀を正した神道系の人々も参加していました。一方、白や薄茶色のガウンに茶人帽のような形をした帽子をかぶったムスリムの代表もいました。

オリンピックの閉会式などに、いろいろな民族衣裳で参加している各国の代表をテレビで見ることがあり、その多種多様な姿に感心することがあります。それと同様に宗教が異なると、その宗教指導者の装いがまったく異なるのに驚かされると同時に、それらの衣裳に長い歴史のなかで培われてきた意味があることを知らされます。世界宗教者平和会議は、まずそこで討議される内容にさきだち、大勢かつ多様な宗教の指導者たちが一ヶ所に集まったことだけで、日本のメディアは驚いた様子でした。

どの宗教もみずからの教えを最高の真理とするために、独善といわれるほどに他宗教との妥協を認めない傾向があります。その結果、他宗教と交流することはもちろん、同席することすら避けることが少なくありませんでした。ところが科学技術の驚異的発展、さらに二度の世界大戦を経て人類は、平和の問題を真剣に取り組まない限り未来がないことを痛切に知らされました。そこで国際連盟の失敗を乗り越えて国際連合が結成され、国際紛争の調停や国家間の協調がはかられることになりました。

ユネスコ憲章

しかし、核兵器の出現が平和の問題に大きな脅威をもたらしました。米ソの対立が東西冷戦構造を生み、世界中がどちらかに組み込まれる状況となり、一触即発の核戦争による人類滅亡の危機が、容赦なく人々に迫ってきたのです。力の均衡による平和の維持には当然限界があり、真の平和とは何かが希求されることになったのです。そこで思い出されるのがユネスコ憲章であります。一九四五年に採択されたこの憲章の前文は、次のように記されています。

「戦争は人の心の中で生れるものであるから、人の心の中に平和のとりでを築かなければならない。

相互の風習と生活を知らないことは、人類の歴史を通じて世界の諸人民の間に疑惑と不信をおこした共通の原因であり、この疑惑と不信のために、諸人民の不一致があまりにもしばしば戦争となった。

ここに終りを告げた恐るべき大戦争〔第二次世界大戦〕は、人間の尊厳・平等・相互の尊重という民主主義の原理を否認し、これらの原理の代りに、無知と偏見を通じて人間と人種の不平等という教義をひろめることによって可能にされた戦争であった」。

人類は第一次世界大戦で軍人、民間人合わせて約三千七百万人、第二次世界大戦では約八千万人もの尊い命を失ったといわれています。にもかかわらず三度《みたび》も世界は軍拡競争が続けられ、核兵器の数も、人類を七回殺してもあまるほど増え続けました。このはてしない軍拡競争は相手を上まわる兵器を所有しても、けっして安全でないことを物語っております。ですから、まさにユネスコ憲章の示すとおり、「心の中に平和のとりでを築く」ことこそ本当の安全への道であり、そのためには人間の尊厳、命の尊重、差別の解消、相互理解への努力が不可欠であります。

以上のような時代背景の中で、ガンジー思想を信奉、実践したガンジー平和財団議長のディワーカー師は世界宗教者平和会議の創設に参加しますが、次のように述べています。

「世界平和、国家間の平和は、もはや少数の支配者、政府、政治家、軍関係者だけに任せていられない。彼らだけに任せていたら真の平和は遠退き、戦争を恒常化させるだけである。無関心は戦争の危険をはらみ、参画は平和を意味するといえよう。

真の宗教的霊性は、すべての存在の根源的力であるから、全世界の宗教宗派が平和のために一つになって、最善の努力をすることである」。

このディワーカー師と同様な考えを持つ宗教者は当時少なくなく、先に触れた第二回バチカン公会議の影響を受けた宗教者たちは、世界の各地でそれぞれ会合を開くに至ったのでした。

宗教世界会議

まず一九五五年（昭和三十年）、東京の国際文化会館を会場に、八月一日から四日間「宗教世界会議」が開催されました。この会議は、日印友の会の会長であり世界連邦主義者でもあった下中彌三郎氏が準備委員長となり、日本宗教連盟の関係者が委員となって開催され、海外から米国、インドなど十六ヶ国約五十名、国内からは百五十名に及ぶ宗教者が参加しました。

この会議の目的は「今日の世界が直面している緊急課題について討議」することが謳われ、その緊急課題とはまさに、「米ソの対立と核戦争への不安、原水爆の生産競争」でありました。さらに前年の一九五四年三月には米国が太平洋のビキニ環礁で水爆実験を行い、その近海で操業していた日本の漁船第五福竜丸がいわゆる死の灰をかぶることになったのです。このニュースは世界中に大きな衝撃を与え、半年後に無線長の久保山愛吉氏が放射能被爆のため死亡しました。この「死の灰」事件は、世界唯一の被爆国である日本の人々に大きなショックを与えました。日本宗教連盟は「原水爆実験禁止」の声明を出し、世界各国政府に訴えると共に、宗教世界会議の主要なテーマとなったのでした。

当時の日本における核兵器廃絶運動は、イデオロギーにハイジャックされたといっても過言でなく、共産主義路線や社会主義路線などイデオロギーによって運動が分裂し、その動きに政党や労働組合も連動しましたが、むしろ一般市民を巻き込む国民的な盛り上がりに欠けるようになりました。そこで宗教者がこの問題に積極的に取り組み、社会

1955年、東京で開催された宗教世界会議に参加した世界各国の宗教代表者たち（©立正佼成会）

に強く働きかけていくべきだという声が、宗教者の中からも高まってきました。さらに運動を推進するには、どうしても宗教間の対話や協力が、必要不可欠であることが強く認識されるようになったのであります。

その結果宗教世界会議では、次の決議を採択しました。

(一) 宗教協力のための国際組織を設け、各国はそのための国内組織をつくること

(二) 原水爆を禁止し、軍備を撤廃すること

(三) ユネスコに宗教部門をつくること

この世界宗教会議は、戦後日本で開催されたはじめての大規模な諸宗教による国際会議であり、その決議事項が次第に具現化していくようになり、世界宗教者平和会議(WCRP)創設の足がかりになっていくのでした。特にのちにWCRP創設の中心メンバーとなっていった三宅歳雄師、庭野日敬師、今岡信一良師、中山理々師等はすでに準備委員として参加していたことで、それがわかるのであります。

日本宗教協力協議会とアメリカ諸宗教会議

続いて一九五七年（昭和三十二年）六月には、先の宗教世界会議の決議に基づいて、日本宗教協力協議会が創設されることになりました。そして東京の明治記念館に約六十名の諸宗教の代表が集まり、役員、活動方針などを決定、理事長に増上寺法主の椎尾辨匡師、事務局長に日本自由宗教連盟代表の今岡信一良師を選出しました。当面の活動として月刊誌「日本宗教」の発刊及び定例の懇談会や、随時講演会の開催などを行い、宗教協力に関する勉強や啓蒙を推進していくことになりました。

しかし役員には錚々たる顔ぶれが並んだものの、運営費となるとたいへん厳しいものがありました。というのは、日本の教団を越えた連合体のような組織は、たんなる連絡機関か、おつきあい程度に代表者の名前を出すという感覚が少なくなく、名称は立派でも実体は零細なものが少なくありません。かといって有力な教団が多額の浄財を寄せると、どうしてもその教団のカラーが表に現われてくるようになり、他の教団が距離を置くようになりかねないので、対等な関係で組織を運営することが困難になってしまうのです。

しかし日本宗教協力協議会は、今岡事務局長や庭野日敬常任理事たちの努力によって、多くの困難を乗り越えながら、ＷＣＲＰ発足までその命脈を保ち続けたのでありました。

さて日本では宗教間対話の動きが次第に具体化していく中で、一方、米国でも第二回バチカン公会議の影響を受けて、諸宗教の会議が開かれることとなりました。一九六六年（昭和四十一年）三月、「アメリカ諸宗教会議」が米国ワシントンのパークホテルで開催されました。参加者は、米国プロテスタント各派、カトリック、ユダヤ教など米国の諸宗教の代表五百名にのぼり、大規模な会議となりました。これだけの諸宗教の代表がアメリカで一堂に会したのは珍しいことで、画期的なことでもありました。さらにこの会議においても、世界の宗教者が協力して平和に尽くすための国際会議を、一九六九年をめどに開催する決議がなされたのであります。そして世界会議開催のための協力を求めるため、各国に使節団を派遣することも決定されたのです。

この米国の宗教使節団は、ジュネーブにあるプロテスタントの総本山といわれるＷＣ

C（世界教会協議会）、さらにバチカン教皇庁やインドのディワーカーガンジー財団議長、タイの世界仏教徒連盟、そして日本の今岡信一良師や庭野日敬師に会い、世界会議への協力を求めました。アメリカ諸宗教会議のリーダーは、ユニテリアンのディナ・グリーリー博士やホーマー・ジャック博士でした。ユニテリアンは自由主義的教学を持ち、アメリカ社会では進歩的な立場に立つことが多く、公民権運動などをさかんに推進したキリスト教の団体です。グリーリー博士は、アメリカ・ユニテリアン・ユニバーサリスト協会会長や、国際自由宗教連盟会長などを務めました。やがて日米諸宗教会議の代表として来日し、WCRP創設の牽引役の一人として活躍することになります。

日米諸宗教平和会議

米国使節団の来日はやがて一九六八年（昭和四十三年）一月、京都の国立国際会館を会場に、「日米諸宗教平和会議」の開催へとつながります。この会議は日米間で調整が行われ、インドで一月十日から五日間、ガンジー生誕百年記念国際シンポジウムが開かれることになっているので、そこに出席する米国の宗教代表をシンポジウム終了後に日本に招くことになったのです。米国代表は、インドのシンポジウム終了後、ベトナムを視察、一月二十二日からの日米諸宗教平和会議に出席しました。

この日米会議では、インド、ニューデリーでの国際シンポジウムの席上「世界宗教者平和会議」開催の提案が採択されたことなどが報告され、その可能性や方向性について日米の意見交換が行われました。双方ともＷＣＲＰの開催については基本的に合意したものの、具体案となるとさまざまな意見が出され、結論にまで至りませんでした。

国際会議などはじめての計画を実行するには、その運営に携わる関係者相互の信頼関係が重要であり、成否を決定することが少なくありません。ところが日米間ではまだリーダーの間にじゅうぶんな人間関係が育まれていませんでしたし、会議日程が忙しく、その時間もありませんでした。

そこで会議の今後の成りゆきを心配した今岡師は、日米の中心的人物の忌憚のない意見交換の場が必要だと痛感し、会議終了後、グリーリー師の庭野師訪問という形式の二人だけの出会いの場を設けたのでした。この二人の出会いは、今岡師が後に述懐してい

アメリカのキリスト教、ユダヤ教など諸宗教者と日本の宗教代表者が集い、平和について協議した。そこで、世界宗教者平和会議を開催することが提案された。(Ⓒ立正佼成会)

るとおり、まさに運命的かつ劇的な出会いとなりました。すなわち両師が立つ宗教的基盤が寛容的という共通性があり、宗教協力に対する姿勢に共感するところがありました。さらにウマが合うというか人間的にお互いに惹かれるものがあったようです。その後、準備会を通じて二人の信頼は深められ、絆が次第に強く結ばれていきました。その結果、一九六九年（昭和四十四年）二月、トルコのイスタンブールにおける準備会議において、米国の提案を日本が受け入れ、ついに一九七〇年（昭和四十五年）十月、日本の京都開催が決定されたのでした。

日本宗教連盟

当初は第一回目の世界宗教者平和会議の開催場所としては、バンコク、ジュネーブ、ウィーン、ニューデリーなどが挙げられ、そのなかでもニューデリーが有力視されました。やはり平和会議の開催地としては、ガンジーゆかりの地がよいというのがおおかたの考えでありました。しかしインドの国内事情から受け入れ困難という表明があったため、米国のグリーリー博士から、日本の京都開催が打診されたのでした。

その時の日本代表は、庭野日敬（新宗教）、三宅歳雄（教派神道）、中山理々（仏教）の三師でありました。いずれも長年諸宗教の国際交流に力を注いでこられた人々です。三師は帰国後さっそく日本宗教連盟に報告、協議の結果、京都開催の申し入れを受諾することになりました。そして準備態勢に入ったのです。

さて日本宗教連盟（日宗連）とは、全日本仏教会（全日仏）、神社本庁、キリスト教連合会、教派神道連合会（教派連）、新宗教団体連合会（新宗連）という、仏教、神道、キリスト教、教派神道、新宗教の五つの宗教連合体（日宗連五連合）で組織している団体です。そして役員の任期は二年で、理事長は各団体の持ち回りになっており、通常の運営は事務局も含め、理事長選出団体が中心となって行う慣例があります。それゆえ私は、世界宗教者平和会議（ＷＣＲＰ）の開催と、日本宗教連盟理事長の任期のめぐり合わせが絶妙で、まさに神仏のはからいではなかったかと考えるのであります。

一九六九年二月にトルコの準備会議で、世界会議の京都開催が決議されましたが、その受け入れ団体となる日本宗教連盟（日宗連）の理事長が、任期満了となり、四月より順番によって奇しくも新宗教団体連合会（新宗連）の理事長である、立正佼成会の庭野日敬会長に決まっていたのであります。世界会議開催に積極的であった庭野師は、さっそく日本の宗教界の代表的指導者を訪問し、世界会議の意義と日本の宗教者のはたすべき役割について説いてまわりました。

さらに、元来実動団体でなく、情報交換、連絡提携団体である日本宗教連盟が、どのようにしたら世界会議を円滑に運営できるのかについても研究しました。というのは、世界会議の主旨には賛同するけれども、その主催団体に日宗連がなることは、設立の経緯やその後の運営の実態から難しい点が少なくない、という意見があったからです。そこで日宗連の中に新たに「国際問題委員会」を設立し、この委員会を世界会議の実行委員会として、委員長には理事長の庭野日敬師が就任しました。それは一九六九年七月八日のことでした。また同時に五連合から委員十八名、総幹事一名、幹事六名を選出、具体的な準備に取り組むことになったのでした。ある意味ではこの組織は日宗連の別動隊ということもでき、庭野師の熱意がみのり、世界会議の受け入れ態勢が整ったということができるでしょう。

WCRP京都大会のテーマ

世界宗教者平和会議京都大会（WCRP京都大会）は冒頭に述べたとおり、一九七〇年十月十六日、京都国際会館でその幕を開けました。会議の主要テーマは「非武装」「開発」「人権」の三つでした。この会議はその参加者の規模、宗教の多様性、またそのレベルの高さにおいて、過去に例を見ない画期的なものでありました。諸宗教間の交流が必要であることは、すでに先人たちによって一世紀以上も前から、提唱されてきたことであります。

その中でも一八九三年米国のシカゴで開かれた万国宗教会議が、宗教間対話の嚆矢ということができるでしょう。この会議はシカゴ万国博覧会の一環として開かれたもので、世界の十六に及ぶ宗教の代表者約二百人が参加しました。日本からは五名の仏教僧が参加し、英語で日本の仏教に関する講演を行っています。ですから宗教間の対話というより、むしろ諸宗教の教義や歴史の紹介に重点が置かれたようです。

それから七十有余年の歳月を経て、ようやく責任ある立場に立つ世界の宗教指導者が集い、具体的なテーマについて率直に意見交換を行う場が設けられたのです。もちろんその間、第二次世界大戦後の国際情勢をうけて、東西冷戦構造による核戦争の脅威、分裂国家の悲劇、代理戦争と呼ばれる地域紛争の勃発、貧困や人権抑圧などの問題が吹き出し、宗教者の役割が次第に問われることになりました。特に紛争の多くが宗教的要因もからみ、宗教に対して厳しい目が人々から向けられるようになったのです。

そこでこれらの世界の動向に対し、先に述べたようにカトリック教会が一九六二年から三年間に及ぶバチカン公会議を経て、カトリック教会以外の宗教に真理性を認め、対話の推進に踏み切りました。その結果、カトリック教会以外のキリスト教で組織する世界教会協議会（ＷＣＣ）では、三年後の一九六八年、第四回目の総会で、宗教間対話への方針を正式に決定いたしました。

以上のように宗教間の対話や交流が世界的な潮流になりつつあるなかで、仏教はもちろんのこと、ユダヤ教やヒンドゥー教などの宗教も影響をうけて、諸宗教への門戸が開かれていったのです。しかしながらどの宗教も国内政治や国際的政治情勢の影響を受けざるをえず、それらを排した率直な対話となると、困難を伴う時代がしばらく続きました。

ところが一九七〇年の世界宗教者平和会議（WCRP京都大会）では、まだベトナム戦争は終結せず、米ソの対立やイデオロギー的抗争も鎮静化していない状況で、人類が直面する問題について宗教者としての原則を踏まえた議論ができたことすばらしいことだったと思われます。

まず参加宗教をみると、神道、仏教、儒教、キリスト教、ヒンドゥー教、イスラーム、ユダヤ教、シーク教、ゾロアスター教、ジャイナ教の各代表が参加しています。一方、地域的にはアジア十五ヶ国、南北アメリカ五ヶ国、ヨーロッパ十三ヶ国、アフリカ五ヶ国、オセアニア一ヶ国の全世界に及び、自由主義並びに社会主義圏からも、それぞれ宗教指導者が集まったことは注目すべきことであり、この会議に寄せる世界の宗教者の期待を表わしているといえるでしょう。

開会式と「平和の原理」

開会式においてはまず主催者及び日本の宗教者を代表して、大谷光照大会名誉総裁（全日仏会会長・浄土真宗本願寺派門主）が開会の辞を次のように述べ、日本開催の意義と決意について触れました。

「世界で原子爆弾の被害をうけた唯一の国であり、攻撃的戦力を否定した憲法をもっている日本は、この会議を開くにふさわしいところです。今や、人類の運命は一つであり、平和な世界を築くために、懸命の努力を払わなければならないときであります」。

続いて、いくつかの基調講演が行われましたが、いずれもこの会議を通じて今後宗教者が歩むべき基本原理を示したもので、たいへん格調が高く、また人々を感動させるものが少なくありませんでした。

まず最初に、元国連総会議長でハーグ国際司法裁判所所長ザフルーラ・カーン博士（ムスリム）が「平和の原理」と題し、イスラームの立場から講演をしました。その要点は、次のとおりです。

「平和とは戦争のない状態というたんなる受動的な限定された状態のことではない。宗教にとって平和とは万物の調和する状態であり、またそれを志向する積極的な態度を意味するものである」。「平和の問題の核心は、個人は彼の創造主とともに平和にすることを通じ、またその結果として、自己と平和に、また人類全体に対して平和にならなければならないということであります」。

ここでは、平和とは戦争のない状態という客観的な環境を創り出すことはもちろんでありますが、それを主体的に信仰というか実存的な立場から、しっかり受け止めていなければ真の平和とはならないことを明確にしています。これはムスリムだけでなく、全宗教者に通じることであります。

非武装・開発・人権

次に大会テーマの一つである非武装について、ノーベル物理学賞を受賞した湯川秀樹博士が登壇し、科学者の立場から「軍備なき世界の創造」と題して講演しました。

「大量の核兵器の存在そのものが人類に対する絶えざる脅威である」と述べ、核兵器はもちろん高度化した兵器の撤廃すべき緊急性を説きました。そしてそのためには「強力な平和機構の確立が必要であるが、これはたんに政治や法律のレベルの問題でなく、国境や人種の相違を乗り越える『精神的飛躍』の問題である」としました。

「かつてカール・ヤスパースが指摘した宗教枢軸の時代、すなわち紀元前五、六世紀頃に、釈迦、孔子、第二イザヤ、ソクラテスなどの大宗教家、大思想家が地上に現われ、人類の精神的飛躍向上をもたらし、その影響は産業革命の時代まで及んだ。その基本は人類愛であるが、科学技術の発展の結果、人類が手に入れた物質文明や核兵器、化学、生物兵器が人類を脅やかすに至っている。それを克服するには、人類救済をめざす人類愛の再生しかない」と強く訴えました。科学者の立場から現状を正しく分析しながら、究極は人間性に帰着することを主張しています。すなわち人類の精神的飛躍をもたらす宗教者の奮起が強く求められたのであります。

次に開発のテーマでは、世界教会協議会（ＷＣＣ）総幹事のユージン・カーソン・ブ

全体会議で、「軍備なき世界の創造」と題する基調講演をされる湯川秀樹博士（©立正佼成会）

レイク博士が「開発の中心目標は社会正義と自立と経済的成長が相互に関連して一つになること」と述べ、「社会正義が行われなければ、富めるものはますます富み、貧しきものはますます貧しくなる」と社会正義と開発は不可分であり、宗教が社会の良心を呼び起こすことの大切さを訴えました。

次の「人権」に関するテーマでは、ラルフ・D・アバーナシー米国南部キリスト教指導者会議議長（黒人解放指導者故マルチン・アーサー・キング牧師の後継者）は「沈黙は私たちに許されないぜいたくである。多量の食物が無駄になっている一方、何百万の赤ん坊たちが餓死している。私たちは黙っていてはならない。世界の大国が恐ろしい新化学・生物・核兵器に何億の金を消費しているのに、何億の貧しい人々が望みなき短い苦闘の生命を、生きなければならない宿命を負っている。私たちは、黙っていてはならない」と力強く訴えました。

そして、「宗教者の任務は重大で、一歩の努力や一つの決議で成し遂げられるものではない。重荷や苦難や犠牲を宗教者は覚悟すべきだ」と宗教者の強い決意を促しました。そして「非暴力による世界革命」を主張、その目標は「国境をなくし、善意ある者と宗教者を一つにし、戦争、貧困、人種差別をなくす平和運動である」として、「実は非暴力は暴力の行使以上に人間の勇気と資質を必要とすることである」と語りました。

ベトナムと非暴力の問題

この非暴力による訴えは、シンポジウムにおいても大きく取り上げられ、戦禍の南ベトナムから参加したベトナム統一仏教会化導院副院長ティック・チェン・ミン師は「ベトナム仏教徒の非暴力に対する見解」と題して講演し、次のように語りました。「ベトナムにおいて、暴力は二十五年間何ら意味をなさなかったばかりか、逆に新たなる暴力を生み出した。一方、非暴力運動がけっして効果がないのではなく、暴力が急速に広がることを防ぐ点である程度成功してきたし、暴力が口実を見つけ出すのに苦慮させたことも、非暴力の意義があった」としました。さらに、「非暴力運動の力は銃でなく心であるから、自分が非暴力運動にふさわしい者であるかどうか、常に自問自答しなければならない」とし、「自分の行動を通じて人々の心を動かし、愛と勇気と度量の持ち主であることが求められる」といっています。これは先に述べたアバーナシー牧師とまったく共通しており、宗教者としての覚悟が如実に受け取ることができると同時に、このような徹底した生き方ができるかと迫られているようであり、忸怩たるものを感じざるをえません。

私はこの世界会議の五年前に南ベトナムを訪問したことを「はじめに」で書きました。その時のチェン・ミン師は溌剌としていましたが、その後の非暴力運動のなかで爆弾をしかけられ足を負傷し、痛々しい様子で来日されました。このチェン・ミン師が主導して開催した「世界仏教青年準備会議」において、出席する私たちに対し、当時の左翼勢力の影響をうけた日本の仏教青年たちが、「ベトナムでの会議は、アメリカの侵略戦争を覆い隠す役割をはたし、仏教徒の目をあざむき、仏教徒をして反共十字軍にしようとする陰謀だから、参加を中止すべきである」と申し入れをしてきました。そして五年後、そのチェン・ミン師を団長とするベトナム代表団が京都会議に参加することがわかると、「宗教者をアメリカ帝国主義の協力者として動員しようとするもの」とか「アメリカ帝国主義の侵略に手を貸すもの」などという硬直したイデオロギー的批判が、この会議に

全体会議で、「ベトナム仏教徒の非暴力運動に対する見解」と題する発題公演をされるチェン・ミン師（©立正佼成会）

に思われます。

も寄せられたりしたのです。このような傾向はソビエト連邦が崩壊するまで続いたよう

ところが京都会議ではこのような一方的な批判をまったく受け入れず、宗教者の立場を貫き、公平な議論を重ねて、次のような「ベトナムに関する決議」を採択したのでした。その要約は次の通りです。

（一）米軍の即時無条件撤退

（二）ソ連、中国の武器供与停止

（三）停戦監視団の設置

当時の日本のメディアの論調からいくと、一方的に米国を非難するものが少なくなかったのですが、ベトナム戦争に対するこの決議の採択には、公平中立ですべての外国勢力が撤退すべきことが盛り込まれたことは、画期的なことであったといえるでしょう。

閉会にあたって

ＷＣＲＰ京都会議は、最終日の十月二十一日、次のような骨子の大会宣言を採択して、六日間にわたる会議を閉じました。まずそこで注目されるのは、宗教者自身が歩んできた道に対する深い反省です。

まず前提として「平和」に対し、我々は分裂させるものよりも結合させるものの方がより重要である、との共通認識を確認しました。そして「我々は、しばしば、我らの宗教的理想と平和への責任とに背いてきたことを、宗教者として謙虚にそして懺悔の思いをもって告白する。平和の大義に背いてきたのは、宗教ではなく、宗教者である。宗教に対するこの背反は、改めることができるし、また改めなければならない」。

さらに次のような覚悟を新たにすることを誓約したのであります。「我々は、戦争に対し、また軍事的勝利による平和の達成という幻想に対して、断固たる反対の態度をとるように全力を尽くして世論を導き、人々の良心を覚醒させなければならない。宗教はいまや、歴史的背景の相違を乗り越えて、真の平和を達成しようとする努力に向かって万人を結束させるべきだと信ずる」。

そして将来的にも大会宣言に表明したことを具体的な行動として示すために、常設機関として世界宗教者平和会議（ＷＣＲＰ）を創設し、新しい宗教協力による世界組織を結成して、世界平和のための諸活動を継続的に推進することを決定したのでありました。

その役員にはフェルナンデス大司教（カトリック・インド）、副委員長にディワーカー博士（ヒンドゥー・インド）、グリーリー博士（プロテスタント・アメリカ）、庭野日敬師（仏教・日本）ら六名を選出しました。そして宗教の奇蹟とまでいわれたＷＣＲＰ京都大会はその幕を閉じたのであります。

そして一九七〇年の十二月には、早くもニューヨークの国連の前にある国連チャーチセンタービルの中に、さっそくＷＣＲＰ国際事務局が開設されるなど、その後ＷＣＲＰは、世界各国に国内委員会を設置するべく、急ピッチで活動を展開していくことになりました。

ＷＣＲＰ日本委員会の設置

一方、ＷＣＲＰ京都大会はあくまでも国際大会であり、その意義を継承していく国際事務局の発足を受けて、日本国内委員会の設置が急がれました。京都大会は、日本宗教連盟の中に国際問題委員会を設けて運営を担当しましたが、継続的な活動をめざするとなると、どうしても常設機関が必要となりました。日本宗教連盟自体は連絡、情報交換の交流機関であるため、新たな組織の設立が待たれたのでした。

そこで京都大会に参加、中心的な役割を担った日本の宗教者を中心に、一九七二年四月、世界宗教者平和会議（WCRP）日本委員会が発足したのであります。役員は日本宗教連盟参加の五連合会の代表を中心に組織され、委員長には庭野日敬新宗連理事長（立正佼成会理事長）、事務総長には坂田安儀教派神道連合会理事長（禊教管長）等が選出されました。そして一九八四年四月からは文部省から財団法人として認可されるに至りました。

その後、WCRP日本委員会は、国際事務局と連携しながら、国内組織の充実をはかる一方、平和開発基金の創設による弱者支援、平和大学講座の開設による啓蒙など、理念と実践の組織をめざし、活動を展開していきました。また世界大会の開催に積極的に協力、アジアの宗教者を中心とするアジア宗教者平和会議（ACRP）の創設にも尽力、初代委員長には日本委員会委員長の庭野日敬師が選出されました。

バチカン・日本宗教会議

ピネドリー枢機卿の来日

私が諸宗教間対話のお手伝いをすることになったのは、第二代バチカン非キリスト教対話評議会長官ピネドリー枢機卿の来日が契機でした。それは一九七六年十月のことでした。特に来日するにあたってピネドリー長官は、日本の青年宗教者との対話を強く望んでおられました。そこで急きょピネトリー長官の訪日に合わせて、比叡山延暦寺を会場に、青年宗教者会議を開催することになったのです。それからがたいへんでした。

当時私は、全日本仏教青年会の理事長や、天台仏教青年連盟の代表などを歴任し、世界連邦日本宗教委員会の委員を務めておりました。そこで世界連邦日本宗教委員会の会長を務めておられた葉上照澄阿闍梨さんから、同じ宗派であった御縁から「バチカンからえらい人が来て、日本の宗教青年と話をしたいといっておるので、あんた青年をぎょうさん知っとるやろ、集めてくれ」という御下命があったのです。ピネドリー長官としては、宗教指導者レベルの対話はもちろん大切であるが、同時に次世代を負う若者の対話こそ、将来の宗教協力への道を開く道であると考えていたのでありましょう。

しかし当時は青年宗教グループであっても、同じ宗教間の交流はありましたが、仏教や神道、新宗教などの垣根を越えての交流はほとんどありませんでした。そこでかつての同僚に呼びかけ、後輩たちに集まってもらうことになったのです。

バチカンは長らく駐日公使を勤めていたマレラ枢機卿を、初代の非キリスト教徒対話評議会長官に迎えたので、日本の宗教事情には明るく、また評議会の次官補には、日本人の尻枝神父が迎えられました。その後、尻枝神父は日本の宗教者とバチカンをつなぐ、なくてはならないパイプとなり、宗教対話に大きな成果を挙げた人でした。そのようなことから、バチカンでは、日本の伝統文化の中心であり、また仏教の各本山、大きな神社などが集まる京都に、宗教対話の窓口を置くことにしました。そしてその担当者に京都司教区の責任者である、田中健一司教を任命したのであります。

私と田中司教との出会いは、まさに延暦寺における青年宗教者会議であり、それから四十年、いろいろな場面で御指導をいただき、ずいぶん御無理も聞いていただきました。

バチカンとの交流が契機ではじめられた青年宗教者会議も、その後、愛知県の犬山寂光院、日光東照宮、奈良長谷寺、長崎諏訪神社、青森松緑神道大和山など毎年各宗教の施設の持ち回りで続けられました。そのつど田中司教はバチカンの窓口として出席、交流を深めてくれました。ですから日本の宗教者とバチカンの距離が近くなったのには、田中司教の御功績によることが少なくありません。

ネミ会議

さてピネドリー長官は、二年後の一九七八年三月にも来日されましたが、日本の諸宗教の代表者と懇談するなかで、同年七月にイタリアでバチカンと日本の宗教者による会議を開催することが決まりました。会議は七月二十四日～六日までの三日間、ローマ市の郊外に位置するネミ湖畔に佇む、カトリックの黙想の家で開催されました。そこで通称ネミ会議と呼んでいます。

日本の代表団は、世界連邦日本宗教委員会から選ばれ、随員も含めて約二十名でした。宗教別でいうと、神道から徳川宗敬神社本庁統理、篠田康雄神社本庁総長（熱田神宮宮司）、副島廣之明治神宮権宮司。仏教から葉上照澄延暦寺長﨟、壬生台舜浅草寺執事長、杉谷義純円珠院住職。新宗教から長沼基之立正佼成会理事長。カトリックから田中健一京都司教、松村菅和カトリック中央議会事務局長などで組織されました。

バチカン側からは、非キリスト教対話評議会から、ピネドリー長官、ロッサーノ次官、尻枝次官補、コグラン事務官。無信仰対話評議会のミアノ次官。正義と平和委員会からラランド次官が出席しましたが、この時期のバチカンは暑中休暇中であり、これだけ各評議会からメンバーが顔をそろえたのは異例なことであり、その熱意が強く感じられたのでした。一方、日本側も各宗教別の事実上のトップが足並みをそろえて、バチカンへ出向き、公式に宗教が直面する諸問題について協議することは、はじめてのことであったと思います。その意味で、のちにネミ会議はたいへん注目されると同時に、意義深いものであったと思います。

会議のテーマは（一）世界平和にいかに寄与するか、（二）宗教間の協力と一致、（三）無信仰者との対話、（四）宗教倫理確立の方策、等四つが選ばれ、それぞれのテーマについて、日本とバチカンの宗教者が基調講演を行いました。そしてその後自由討議が行われ、最後に共同コミュニケが発表されたのでした。

その結果、それぞれの宗教が持つ倫理性こそ、共通の実践的基盤になりうることを確認し、宗教者による国際的な倫理会議の開催をめざすことで一致を見ました。そしてピネドリー長官が「今日、日本宗教の特別代表団並び日本カトリック連絡委員会は、ローマ教皇庁代表とローマ（ネミ湖畔）並びにカステル・ガンドルフに「平和の人」「対話の人」「宗教の人」として相集い、話し合いが行われた。これは将来への確かな一つのパターンとして、その意義は歴史的なものであり、エポック・メイキングである」と、その評価を語ったのが印象的でした。

私にとっては修道院での会議というか、そこに入ることすらはじめての体験であり、たいへん緊張したことを覚えています。部屋は簡素ですが清潔で、三泊四日をとても快適に過ごすことができました。私たち日本からの代表も、毎朝ピネドリー枢機卿が捧げるミサの祈りの席の後方につらなり、厳粛なひとときを過ごすことができました。

共に同じ神や仏に祈ることができなくても、他宗教の人々が真剣に祈る場所で、空間を共有することによって、心が洗われる気持ちになったことは事実であります。たんなる会議で意見を交換するだけでなく、生活を共にすることで相手に対する親しみや敬意が増し、より開かれた立場に立って対話を深めようとする気持ちが生まれてくることを、実感したのでした。

また食事についても、修道院の畑でとれた新鮮な野菜や、自家製のワインまで提供され、他宗教との交流に心を開いて取り組もうとするピネドリー枢機卿の姿勢に一同感銘を受けたのでありました。

ローマ教皇パウロ六世

そして最終日の七月二十六日には、ローマの郊外にある教皇の離宮、カステル・ガンドルフに、ローマ教皇パウロ六世を表敬、特別に謁見することができました。パウロ六世は第二回バチカン公会議の決定を受けて、積極的に諸宗教対話に乗り出した教皇として有名です。特に一九六四年にはイスラエルを訪問、ユダヤ教のトップと会談をしました。このことは世界で大きなニュースとして取り上げられました。というのは、それまでローマ教皇が海外に出ることはたいへん珍しく、ローマ教皇が国外に出たのは、ナポレオンの戴冠式以来ということで話題になったのでした。

パウロ六世は、ネミ会議の報告をピネドリー枢機卿から聞かれ、にこやかに頷かれて、私たち日本の宗教者にねぎらいの言葉をかけてくださいました。ところがローマでの全日程を終え、八月七日私たちはローマを発ち、日本時間では八日夕刻成田に到着しましたが、そこでパウロ六世の急逝を聞かされ、飛び上がらんばかりにびっくりしました。教皇に謁見した最後の日本人だということで、テレビの取材を受けるなどたいへんでした。しかしながら、カトリック教会として公式に諸宗教間の対話に門戸を開いたパウロ六世教皇のやさしい手の温もりを思い出すと、何かたいへんなことを託されたような気がしました。

ヨハネ二十三世教皇、続くパウロ六世教皇の時代に、バチカンは第二回バチカン公会議を開いて大きな方向転換をしました。キリスト教間の分裂を修復し教会一致をめざすと共に、キリスト教以外の宗教を価値あるものと認め、対話を推進していくことになったことは前にも述べたとおりです。その歴史的転換に、私たち日本の宗教者も呼応して、新たな一歩を踏みだしたことで、ネミ会議はとても意味のある会議であったといえるのではないでしょうか。すなわち、後に開かれることになる世界宗教者倫理会議や、比叡山宗教サミット（平和の祈りの集い）へとつながっていくことになったからです。

世界宗教者倫理会議

ピネドリー枢機卿急逝による延期

一九七八年（昭和五十三年）七月に開催されたバチカン・日本宗教会議（ネミ会議）の共同コミュニケでは、「自然と人間の相関価値」を議題とする宗教者による国際的な倫理会議の開催、という合意事項がありました。そこで世界連邦日本宗教委員会では、この合意に基づく会議開催について、バチカン諸宗教対話評議会とさっそく協議を行い、一九八〇年（昭和五十五年）十月、世界宗教者倫理会議（ＷＯＲＥＣ）の日本開催を決定したのでありました。

そこで受け入れ側となった日本側の宗教者は、世界連邦日本宗教委員会（世連日宗委）を中心に、日本の宗教界に呼びかけ「日本宗教代表者会議」を設立して、世界宗教者倫理会議の運営にあたることになったのです。名誉議長に秦慧玉全日本仏教会会長（曹洞宗管長）、議長に篠田康雄神社本庁総長（熱田神宮宮司）、副議長には田中健一カトリック京都司教等が就任し、ピエトロ・ロッサーノバチカン諸宗教対話評議会次官が基調発題を担当することになりました。

ところがこの会議のバチカン側の推進者である諸宗教対話評議会長官のピネドリー枢機卿が、急性肺炎のため、一九八〇年六月十五日に急逝されてしまったのです。なにしろバチカンと日本の宗教者の対話促進はピネドリー枢機卿の強力なリーダーシップと信頼のもとに進められていました。ですからネミ会議以来の牽引者の突然の不在は会議の準備に大きな支障をきたしました。

そこでピネドリー長官の後任が決まるまでやむをえず会議の準備を中断、一方三ヶ月後の九月にはイラン・イラク戦争が勃発、中東情勢が悪化したため、当初から世界宗教者倫理会議開催に賛意を示していた、イスラーム・スンニ派の大本山といわれるエジプトのアズハル関係者の来日も困難であるとの情報が流れました。その結果、倫理会議開催をバチカンと協議して、やむなく新長官着任まで延期することが決定されたのでした。

その後、バチカンの諸宗教対話評議会の長官にはジャン・ジャドゥ大司教が着任されることになりましたが、新長官のピネドリー枢機卿の路線を継承していく旨の談話が発表され、日本の宗教関係者はほっとしたことを今でも鮮明に覚えています。

その結果、バチカン諸宗教対話評議会との協議が再開され、世界宗教者倫理会議は一九八一年（昭和五十六年）六月に当初の規模で開催されることが、ようやく決定されたのでした。会議はジャン・ジャドゥ長官よりも、むしろ当初から参画されていたロッサーノ次官によって積極的に推進され、リーダーシップも取っているように思われました。ロッサーノ次官は一九七四年浦上天主堂で開催された第六回世界連邦平和促進宗教者長崎大会にバチカンの特使として来日、講演を行いました。また神学者としても高名で、のちにローマのラテラノ大学学長なども務め、宗教対話には深い理解を持っていました。

宗教間対話の方法

さて宗教間対話と協力については従来よりいろいろな方法が取られてきました。その代表的なものは三つの形があります。

第一は、それぞれの宗教が有している信仰や宗教哲学に基づいて社会的実践を行う場合、共通的要素が少なくありません。たとえば災害時の救援活動、難民支援あるいは社会的に抑圧されている人々に対する支援活動です。これらはそれぞれの宗教がお互いの教学について議論を戦わせなくても、人道的見地から弱者に対して容易に協力して手を差し延べることができます。第二は、それぞれの宗教が持つ伝統や文化についてお互いに学び、理解を深めることです。その結果、相手が異質な存在ではなく、共存できる価値と信頼を持ちうることを確信することです。第三には、相互に教学に対して鋭く迫り、議論を深めながら、お互いに刺激とし変革と一致を求めていくことであります。

第一の方法は比較的実行に移しやすく、よほどお互いに歴史的に長い間怨念関係にあったようなことがなければ、実現が可能であります。現実に救援する対象がどのような宗教を信じていようと関係なく支援が行われることが普通になっています。

そして、今までは一つの宗教が資金や物資を集め、それを運び分配するという形式が少なくありませんでした。いわゆる自己完結型です。ところが地域におけるそれぞれの宗教の特性を生かし、その地域の実情をじゅうぶん把握している宗教組織に物資の分配を依頼し、適正に被災者の元に届けられるように工夫する方がより効果的であります。これが実現するには、被災者のニーズを把握しそれを発信する側と、救援物資を集め、あるいは運搬する側の間に、強い信頼関係がなければなりません。特に宗教が異なる場合はなおさらです。そこで世界各地にネットワークを持つ宗教組織のあり方が、近年注目されるようになりました。

宗教ネットワークは、ボーダーレスのことが少なくなく、国境を越えて動くことが可能ですし、アフリカなどの地域では行政組織以上のネットワークを持っています。これを利用することによって、行政で行き届かないところまで支援物資が届くことになります。そこで異なる宗教間において、それぞれのネットワークをいかに生かすか、宗教間対話の大きなテーマとなっているのです。

第二のそれぞれの宗教が持つ伝統や文化についてお互いに学び合い、場合によっては共通の体験を通じて理解を深めることがあります。まさしく一八九三年のシカゴにおける万国宗教会議は、まったく自分の信じる宗教以外を知らない人々に対して、それぞれの宗教の信仰や哲学について紹介することを通じて、他宗教への理解の糸口とする試みでありました。

さらにはカトリックと禅宗による霊性交流も画期的な試みでありました。禅僧と修道士が、修道院や禅寺で相互に場所を提供し合い、空間を共にして瞑想することによって相互理解を深めたのであります。

あるいは共通のテーマを設定し、それぞれの宗教がそれに対し教学的見地からアプローチする試みです。まさに世界宗教者倫理会議がそのひとつであるということができるでしょう。

世界宗教者倫理会議の成果

さてその世界宗教者倫理会議は、一九八一年（昭和五十六年）六月二十三～五の三日間東京で開催されました。参加者はバチカン諸宗教対話評議会のジャン・ジャドゥ長官並びにロッサーノ次官、仏教のチャンダナンダ大僧正（スリランカ）及びヴィマラワンサ管長（スリランカ）、ヒンドゥー教のタクールマガダ大学教授（インド）さらにはイスラームのファッターバラカアズハル代表（エジプト）、ハルペリン世界ユダヤ教会議代表（スイス）、ヤヌラトスギリシャ正教大主教など海外代表約二十名に、国内各宗教の代表合わせて百五十名が参加しました。

テーマは「諸宗教の自然観と宗教倫理」及び「伝統文化の多様性と宗教倫理」とし、各宗教の代表がこのテーマに沿って、自己の宗教の倫理観について発表し、参加者の間で質疑応答が行われました。

自然と宗教の関係については、超越神を信じ自然の被造物性を強調する立場と、自然に霊性を見る立場の間にそれぞれ理解することについて、大きな溝があり議論があまり進みませんでした。しかし、この議論を通じて相互の違いを認識しながら、今後どのような対話が可能であるかなど、新しい意義が見出されたのではないでしょうか。そして自然の保護、利用のバランスについては、その必要性を認め、それは人間の責任であるという点では、一神教も多神教も一致し、宗教協力の意味が発見できたのであります。

また伝統文化の多様性と宗教については、文化の普遍性と個別の地域性について議論が進み、たとえば日本文化の場合、その根底を神道と見るか仏教と見るかなど議論があるように、その結論を急ぐのではなく、個別特殊性を保持しながら、統一、調和の視点からとらえていくことの重要性が指摘されました。

その他この会議では、それぞれの宗教原理の根幹にも関わる事項が少なくなかったので白熱した議論が行われましたが、その議論が行われたこと自体が宗教対話の意義ということができるでしょう。

日本宗教界の総力をあげた比叡山宗教サミット

響き渡る鐘の音

一九八七（昭和六十二）年八月四日、ようやく真夏の太陽が西に傾きはじめた頃、比叡山上は軽い興奮に包まれていました。取材のために轟音と共に飛来した全国紙のヘリコプターが、一機二機と上空を去り、ようやく山上に静寂が訪れました。そして午後三時三十分大講堂前にある鐘楼堂の大梵鐘が打ち鳴らされ、その音に触発されるように比叡山の各所にある諸堂の梵鐘も鳴りはじめ、全山に平和の鐘の音の長い余韻が響き、やがて森林に吸い込まれていきました。しかし鐘が鳴らされたのは、比叡山だけではなく、同時刻に日本の各地、さらには時差を越えてバチカンのサンピエトロ寺院やイギリスのウエストミンスター寺院などでも鳴らされたのでした。

山上の広場の正面には舞台が設けられ、そこには世界から集まった各宗教の指導者たちが、色とりどりの法衣を身にまとい、それぞれの信仰と伝統に従い、厳かに平和の祈りを宗教グループ別に順次捧げはじめました。「世界宗教者平和の祈りの集い（比叡山宗教サミット）」の開会の様子です。

さて比叡山宗教サミットは、開催するに当たり、日本宗教代表者会議を組織し、文字通り日本宗教界の総力をあげて開催され、日本宗教史上画期的な集会となりました。第二回バチカン公会議（一九六二〜六五）以後、バチカンがキリスト教以外の宗教を公式に認め、同じ目線に立って対話を推進する姿勢をとりはじめて以来、世界中で宗教対話の気運が高まっていきました。そして日本の宗教者も次第にこの世界の潮流に眼を開き、宗教協力を通じて世界平和にどうしたら貢献できるか、模索しはじめたのです。その流れについては、前章までに述べてきた通りです。

そして「世界宗教者平和の祈りの集い（比叡山宗教サミット）」は、いったいどのような経過で開催されることになったのでしょうか。また、天台宗がなぜ宗教サミットの中心的役割を果たすことになったのでしょうか。それは葉上照澄阿闍梨とパウロ六世教皇、山田恵諦座主とヨハネ・パウロ二世教皇の出会いによるところが大きいといわねばなりません。

葉上照澄阿闍梨の活動

まず葉上阿闍梨（一九〇三〜一九八九）は、東大でドイツ哲学を学び、大正大学教授などを経て山陽新聞の論説委員をつとめていました。しかし日本が敗戦を迎え、あらゆる価値観が揺れ動き混乱する社会を目の当たりにして、大きな衝撃を受けました。特に今まで声高に社会をリードしようとしていた人々の豹変ぶりに驚かされたのでした。そこで新時代に展望を開くには、まず自分自身を徹底的に見つめ直し、人間そのもののあり方から再出発しなければならない、という結論に達しました。

その結果、すべてを抛って比叡山に籠もり、千日回峰行に挑んだのでした。その時葉上師は四十五歳。今流行の言葉「レジェンド」ではありませんが、歴史的にみても回峰行者としては、とても高齢な挑戦といわねばなりません。そして一千日の難行を無事達成した葉上師は、もっぱら教育に専念します。日本の再建には教育しかないと考え、比叡中学校の校長として、二十数年間も青少年の教育に全霊を傾注したのでした。

さらに若い人たちを二度とあの悲惨な戦争に巻き込んではならない、というのも葉上師の強い持論でした。世界平和を脅かし、紛争を招く要素はたくさんあります。その中で宗教間の摩擦も紛争の原因になることが少なくありません。そこで少なくとも宗教が関わる紛争を事前に防止することこそ、平和の貢献につながるとして、異なる宗教間の交流に力を注ぐことになります。そのためには、世界宗教連盟のような諸宗教が意見交換できる常設機関を創設することが必要であると考えました。しかしそこへ至る道はけっして平坦なものではありません。まず長い宗教の歴史の中で緊張関係にあったキリスト教とイスラーム、すなわちカトリックとイスラームの間で和解が成立することが重要な要件だといわれていました。

葉上師は仏教こそカトリックとイスラームの橋渡しをする使命があり、双方の宗教と争った歴史を持たない仏教が果たすべき役割であるという強い認識を持ちました。そこで葉上師は、イスラーム（スンニ派）の総本山といわれるエジプトのアズハルに飛びます。アズハルの総長は、カトリックの教皇のような立場であり、スンニ派のみならず全ムスリムに対して教学的権威を誇っていました。したがってそれまでアズハル当局と直接の交流のなかった日本の宗教者が、総長と面会することができるかどうかまったくわからない状況でした。しかしそんなことで思いとどまる葉上師ではありません。

ところがアズハル総長のファハーム博士は、偶然にも日本にたいへん関心を持っていたのです。実は当時アズハル大学に日本人の学生が留学しており、その学生の礼儀正しさが教授たちの間で話題となり、総長の耳まで届いていたというのです。そんな学生を育てた日本に、総長が興味を抱いたというのです。そんなときに葉上師から面会の希望が人を介して届きました。そこでファハーム総長は日本の宗教者の話を聞く気になり、会見が実現することになったといわれています。

ファハーム博士との会見はさらに当時のサダト大統領との会見につながり、やがてシナイ山におけるキリスト教、イスラーム、ユダヤ教の三教合同平和の祈りに、立会人として出席することになったのでした。

こうして葉上師の願いは、予想だにしなかった一人の日本人学生が機縁となってイスラームとの太い人脈が結ばれ、実現へと進んでいくのでした。シナイ山の祈りは、中東戦争（エジプト、イスラエル間の戦争）で占領したシナイ半島の一部をイスラエルがエジプトへ返還したため、それを記念してサダト大統領が平和を願い開催したものです。その祈りの集会に葉上師にも大統領から招待状が届いたのでした。

イスラームとの交流の窓口を開いた葉上師は、次にバチカンとの交流をめざします。それがバチカン・日本宗教会議、世界宗教者倫理会議など、先に述べた通りで次第に実を結んでいきました。特にバチカン・日本宗教会議のあと、諸宗教と対話の窓口を開いたローマ教皇パウロ六世と接見した葉上師は、カトリック、イスラーム、仏教間の対話を中心に、世界宗教連盟の構想を具体化する決意を固めたといいます。

山田恵諦天台座主の活動

次に宗教サミットを考えるとき、山田恵諦天台座主（一八九五〜一九九四）に触れないわけにはいきません。

山田座主とヨハネ・パウロ二世教皇の出会いは、一九八一年教皇来日の折でした。教皇は日本の宗教指導者をバチカン日本大使館に招きましたが、その席に山田座主も招待されました。そのとき教皇は、日本の宗教者を前に、「皆さんの偉大な教師である最澄の言葉を用いるならば、『己を忘れて他を利するは、慈悲の極みなり』の精神こそ、宗教協力にもっとも大切なものであります」と述べられました。

これを聞いた山田座主は飛び上がらんばかりに驚きました。まさか比叡山を開いた伝教大師最澄上人の言葉をローマ教皇が引用されるなど思ってもみなかったからです。さらに平和のためには諸宗教の対話と協力が不可欠であり、その推進のためには、宗祖が説く「忘己利他」の精神を実践することが大切と説いたからです。このとき山田座主の心には、平和のために貢献するには、比叡山を宗教協力と対話の場所として提供する責任があると、強い決意が生まれたといいます。

山田座主は平和に対し、ことのほか思い入れの深い経験がありました。終戦（太平洋戦争）末期に沖縄へ赴いていた山田座主が、本土に戻るときの話です。当時の日本はほとんど戦力を失い、帰りの船は、敵国（米国）の潜水艦が出没する海域を、護衛艦もない無防備の状態で単独航海を余儀なくされました。かっこうの攻撃対象となり、いつ撃沈されても何の不思議もない状況だったのです。

乗船予定が二十五日後と決まり、ありがたいと思ったものの、航海の安全を考えると、もちろん不安も横切りました。しかし運を天にまかせるよりしかたがないと、一方では覚悟も決めました。ところがそのとき自分と同じ船で、千五百名の中学生が本土に疎開すると聞いたのです。山田座主は、自分はさておき、なんとしてもこの少年少女たちを無事に本土に届ける方法はないものかと、しきりに思い悩みました。その結果、僧侶としてできることは、ただひたすらに航海の安全を神仏に祈るほかはないと考え、それから出発までの二十五日間はもちろん、出航して本土に到着するまで、時間の許す限り昼夜を問わず『観音経』を読誦し続けたということです。船は奇跡的に無事、鹿児島港に入港することができましたが、このとき祈りの意味と重さをはじめて知ることができたと、後年山田座主は述懐しています。

そして自分の一生を、「私は日清戦争に生まれて、日露戦争で得度して、第一次大戦で兵役をつとめ、太平洋戦争で一つの悟りを得た」と述べています。人生の大切な節目に戦争があり、平和というものをいやがうえでも考えさせられ、その大切さを身に染みて感じてきたことを表現した、非戦平和を訴えた言葉です。

山田座主が宗教対話の国際舞台に登場するのは、一九七六年第一回アジア宗教者平和会議の開会式にマザー・テレサ等と共に基調講演を依頼されたことからです。会議開催の地であったシンガポールは、当時まだ第二次世界大戦の惨禍の記憶が残り、また日本製品の洪水のような輸出と合わせて、反日感情が厳しい状況にありました。その中で日本人の宗教者として平和を訴えることの、心の重さと責任をいやがうえでも感じざるをえなかったことを、山田座主は周囲に語っておられました。それ以来天台宗や仏教界にとどまらず、内外で平和を訴える山田座主の姿があちこちで見られるようになりました。かつては天台座主というと比叡山の伝統を守る者の代表者として、山からあまり外へ出ないのが慣例でした。ここに行動する天台座主が誕生したのです。

世界連邦日本宗教委員会と世界宗教者平和会議日本委員会

さて諸宗教間の交流に強い関心を持っていた二人の天台宗の高僧の一人である葉上照澄阿闍梨は世界連邦日本宗教委員会を、もう一人の山田恵諦天台座主は世界宗教者平和会議日本委員会を舞台に、それぞれ活動をしておりました。この二つの団体はいずれも諸宗教間の対話を通じて、世界平和を希求するものとして目的は同じですが、設立の経緯も異なり、構成の中心メンバーというか、リーダーシップをとる人々が少し異なっていました。

世界連邦日本宗教委員会は、世界連邦をめざす世界連邦建設同盟と連携する宗教者の組織として発足しました。その前身は世界連邦仏教徒会議であり、その中心は朝比奈宗源円覚寺管長など伝統仏教でした。やがてそれに神社本庁や大本など教派神道が指導的役割を果たしていきました。一方、世界宗教者平和会議は、新宗教の庭野日敬立正佼成会会長のリーダーシップによって結成され、宗教間対話に積極的に乗り出しました。ですから当初は新宗教団体連合会の関係者が少なくなかったように思われます。いずれの組織も日本宗教連盟の協賛を得て活動しているので、役員名簿だけでは外から見ると、その内容の違いはわかりにくかったといえましょう。しかし事務局も別に存在しており、当然それぞれの特色がありました。

草創期は手探り状態でしたので、双方の顔ぶれも重複しておりましたが、独自の活動を続けるうちに、諸宗教対話の潮流が二つあるような印象を持たれるようになりました。そこで比叡山宗教サミットを開催するに当たっては、日本の宗教者が一致協力することが第一の命題でありますから、日本宗教連盟並びにそこに加盟している五団体（教派神道連合会、全日本仏教会、神社本庁、キリスト教連合会、新日本宗教団体連合会）の協力を取りつけるのは当然のことですが、宗教間対話を実践している世界連邦日本宗教委員会（世連）と、世界宗教者平和会議日本委員会（ＷＣＲＰ日本委員会）の二団体の実質的協力がどうしても必要となってきます。そこで準備事務局を発足させるに当たり、その点について最大の神経が注がれました。そこでまず公式の準備会が発足する前に、非公式な会議が何回も開かれました。

それらの会合で、世界宗教者平和の祈りの集いを日本で開催する場合の留意点を洗い出し、可能性について具体的に検討することになりました。それは次の点です。

一、開催時期

二、開催場所

三、開催の意義とテーマ

四、主催団体の構成と名称
五、海外からの招請宗教者
六、大会経費
さて「世界宗教者平和の祈り」が開催されたのは、一九八七年八月三日、四日です。そして、その構想の輪郭が少しずつ固まりはじめたのが、一九八五年十二月のことでした。そこで一九八六年四月に第一回の準備会を正式に開き、世界で初めて「宗教サミット」を開催する構想を発表することになりました。

開催に関する大激論

ところが突然、翌年一月(一九八六年)、ローマ教皇ヨハネ・パウロ二世が、本年は国連の定める「国際平和年」であるから、十月二十七日イタリアの聖地アッシジにおいて、世界の宗教指導者による世界平和祈願の集いを開催すると発表しました。それまで何の情報も得ていない私たち関係者には、まさに青天の霹靂でした。もうひとつ難題が降りかかったからです。そのひとつはいうまでもなく、世連とＷＣＲＰといかに協力体制を組むか、ということでしたが、これは粛々と準備作業が進められていきました。もうひとつは、やがて開催される世界の宗教指導者の出席が予想されるアッシジの平和の祈りの集いに対し、比叡山における世界宗教者平和の祈りの集いをどういう位置づけにするかです。

まず準備段階の構想では、宗教サミットの開催時期は、一九八七年八月、開催場所は比叡山ということになりました。日本初の宗教サミットであるから、伊勢神宮がふさわしいという意見、首都東京の宗教施設がいいなどいろいろ提案がなされました。しかし、最終的にはヨハネ・パウロ二世が来日（一九八一）の折、宗教協力にもっとも大切な精神ということで、比叡山を開いた最澄上人の言葉を引用したところから、最澄上人ゆかりの比叡山が祈りの会場にもっともふさわしい、ということになりました。

その次に議論になったのは、主催団体の名称のことでした。日本宗教連盟は各宗教の連合体を束ねる連絡団体なので、ひとつの事業の主催団体になりにくい立場にあります。そこで運営主体として「日本宗教代表者会議」という名称が提案されました。日本の代表的宗教指導者が連帯して「宗教サミット」を開催するには、一番ふさわしい名称であるというわけです。しかしこれには反対の意見も出されました。日本宗教代表者会議という名称は、すでに、一九八一年東京で開かれた「世界宗教者倫理会議」で使用されているというのです。反対意見を出した人はＷＣＲＰの関係者であり、世界宗教者倫理会議は世連が中心に開催した会議でした。その後主催団体の名称ばかりでなく、大会テーマはじめ大激論が何度も繰り返されましたが、そのうちにその議論が自己主張のための議論ではなく、宗教サミットをなんとか成功させようという方向に変わっていきました。まさに雨降って地固まるです。もしこのとき中途半端な議論で妥協したのであったら、その後比叡山宗教サミットは、三十年も続かなかったでしょう。

連帯の芽生え

結局主催団体の名称は「日本宗教代表者会議」で落ち着き、大会テーマは「平和への道」と決定しました。世界のトップクラスの宗教者が平和についてどのように考え、今後その実現に向けてどのような姿勢で臨んでいくのか、を聞くという趣旨でした。まだ当時は残念ながら相互の意見を交換できるほど、諸宗教間に信頼関係が醸成されておらず、交流もそれほど深くありませんでした。

そこで宗教サミットの第一の目的は、人類が共通して求めている平和を祈るのに、宗教が異なっても時間と空間を共有し祈ることにありました。しかしその実現には、世界の各宗教指導者のところに使節団を送り、平和の祈りの集いの趣旨と祈りの形態についてじゅうぶん話し合いをして、共通理解をまとめなければなりません。さらには大会運営の資金の問題、さらには具体的作業を推進するために、経験をもつ有為な人材の発掘など、その準備は準備事務局が正式に発足する前に、何度か暗礁に乗り上げそうになりました。けれどもそれを乗り越えることができたのは、いつのまにか生まれてきた連帯感です。まさに信仰する宗教が異なる人々の共同作業は、それこそ宗教協力のモデルといえるほどのものになったといえましょう。

もしこの連帯が芽生えていなければ、ローマ教皇のアッシジの平和の祈りの発表があったとき、それを口実に比叡山での平和の祈り集会が、「世界で初めて」という意義が失われたとして無期延期になった可能性がありました。しかしその頃宗教サミット開催の中核を負うべく集まった実務者は、今まで培ってきた宗教協力の実践経験から、より意味のある平和の集いにしようと、かえって意識を高めていきました。

そして日本宗教代表者会議の準備委員会が一九八六年四月三十日に発足、その後毎月開催され、ついに八月二十九日には正式に日本代表者会議の発会式に漕ぎつけることができたのでした。名誉議長一名、名誉顧問五名、議長団六名を頂点とする総勢三百十一名に及ぶ役員が選出され、文字通り日本宗教界の総力を結集する、空前の体勢ができあがったのでした。

この発会式は、比叡山上の延暦寺で開催されましたが、名誉議長の山田恵諦天台座主、名誉顧問の徳川宗敬神社本庁統理、庭野日敬新日本連合団体連合会理事長（立正佼成会会長）など錚々たる顔触れが揃い、宗教サミットそのものの雰囲気を醸しているほどの熱気と緊張感がありました。結局、当初懸念された世界連邦だ、ＷＣＲＰだなどという準備事務局のわだかまりはいつのまにか消え、宗教間対話に関するそれぞれの持つ情報を出し合い、より内容のある宗教サミット実現に向けて動きはじめたのでした。

仏教の役割

さて次に乗り越えなければならない問題は、ローマ教皇の呼びかけによるアッシジの平和の祈りに対し、どのような存在感というか、意義を訴えていくかであります。日本の宗教者、特に仏教者が海外に出ると、キリスト教とイスラームの間には、なかなか信頼感が生まれない素地があることを知らされます。アブラハム宗教といわれるユダヤ教、キリスト教、イスラームはその発生を訪ねると、旧約聖書にたどりつきます。もともとは兄弟宗教といっても過言ではありません。いずれもエルサレムを聖地としている一神教です。

しかし歴史的流れの中で数々の衝突が起こり、厳しい対立のまま近代を迎えました。そこで平和のためにはキリスト教とイスラームの和解がひじょうに大きな意味を持つのであります。そして今までの交流の経験から、その橋渡しの役に三教と歴史的摩擦を持ったことのない仏教が一番適しているとの声を、三教の側から聞いたことが何度もありました。特にイスラームの関係者から、諸宗教交流のイニシアティブを日本の宗教者にとってほしいという要望が、少なからずありました。もちろんキリスト教とイスラームの対話は双方に担当部署があり、交渉の実績はありますが、世界平和などの大きな問題は直接話し合うより仏教など他の宗教のイニシアティブがあった方が、より協調の姿勢がとれる可能性があるということです。

そこで仏教の聖地である比叡山での開催は大きな意味を持つことになります。さらにイスラーム教学の本山といわれるアズハルと太いパイプを築いた葉上阿闍梨が、世界連邦日本宗教委員会の会長であるだけでなく、比叡山の長﨟職にもあって、日本宗教代表者会議の議長団の一人に加わったことから、葉上師の経験がより生かされることになりました。

平和の祈りの継承

次にアッシジの平和の祈りが、キリスト教であるローマ教皇一人の呼びかけであるのに対し、比叡山宗教サミットは、日本の諸宗教が力を合わせた、すなわち一宗教でなく宗教協力の体制そのもので、平和の祈りの集いを開催するものという違いがあります。祈りの集会や会議の運営まで諸宗教で行うわけです。このことは宗教間対話の黎明期の当時としては、まったく珍しい画期的なことでありました。

さらに、これがもっとも肝要なことでありますが、比叡山宗教サミットの意義をいかに世界に認識してもらうかという問題です。そこで比叡山宗教サミットはアッシジの平和の祈りの集いの精神を継承し、一方がヨーロッパで開催されるので、他方アジアでも開くという位置づけとし、そのことをアッシジの祈りの会場で国際的に発表することになりました。本来企画段階ではアッシジの平和の祈りより、比叡山宗教サミットの方が早かったのではないか、などとの意見も出されましたが、バチカンの企画がいつ頃立ち上がったのか、教皇ヨハネ・パウロ二世がいつ決断されたか知るよしもありません。むしろ同じような企画が洋の東西を問わず、同じ時代に開かれることになったことこそ、世界が宗教者に求め、平和のために働くことを促したあかしではないでしょうか。

そう考えたとき、いたずらに先陣争いをめざすのではなく、宗教協力の成果をより実効的に訴えるためには、アッシジ精神の継承がもっとも多くの人々の共感を得られるとの結論に達したのでした。ヨハネ・パウロ二世教皇が一九八一年来日の折、最澄上人の言葉を引用して、宗教協力の重要性を説きましたが、それを自ら聞き、その最澄上人が開かれた比叡山で、主催者の代表として宗教サミットを開催することになった山田恵諦座主にとっても、もっとも望むべき結論であったかと存じます。

それゆえ、アッシジへの招待状を手にした山田座主は、当時すでに九十二歳という高齢でしたが、アッシジにおいてローマ教皇はじめ世界の宗教者に「アッシジ精神を引き継いで比叡山宗教サミットを開催すること」を直接呼びかけるために、イタリアへ飛ぶ決断をしたのであります。

アッシジ平和の祈り式典

一九八六年十月、バチカン教皇庁を表敬訪問した山田恵諦日本宗教代表者会議名誉議長（天台座主）は、ヨハネ・パウロ二世教皇と単独接見を果たし、その場で比叡山宗教サミットの招請状を直接教皇に手渡しました。さらに翌日アッシジに移動、平和の祈り式典に出席して世界の宗教者と共に祈りを捧げました。祈りの形式は、参加宗教がアルファベット順で各宗教ごとに、それぞれの信仰の対象に対し、伝統的な形式で祈りました。アッシジでは平和の祈りの翌日には、今度は各宗教代表による集会が二つのグループに分かれてもたれました。ひとつは、カトリック、プロテスタント、正教会などのキリスト教系のグループ、もうひとつは仏教、イスラーム、ユダヤ教など非キリスト教系のグループでした。

バチカンではキリスト教関係の問題は、エキュメニカル（教会一致）評議会が担当し、キリスト教以外の宗教は、諸宗教対話評議会が担当していたので、話し合いの場もバチカンの主催でしたが、担当の部署が異なっていたからです。そして山田座主は諸宗教の代表が集まった席で、比叡山宗教サミットの趣旨と計画を発表、大きな拍手をもって受け入れられることになったのです。このようにして「世界宗教者平和の祈りの集い（比叡山宗教サミット）」は、その開催に向けて内外ともに正式に動き出したのでした。

比叡山宗教サミット使節団

アッシジにおいて比叡山宗教サミットのことが発表されたとはいえ、そう簡単に海外の宗教代表に認知されたわけではありません。そこで関係方面にじゅうぶん理解してもらい、代表者に参加してもらうためには、どうしても使節団の派遣が急務となります。そこで日本宗教代表者会議として、次のような使節団を派遣しました。

第一次使節団（一九八七年三月）
訪問国――エジプト、イスラエル、トルコ
エジプトのアズハル（イスラーム）。イスラエルのエルサレム（ユダヤ教）。トルコのイスタンブール（オーソドックス、イスラーム）。

第二次使節団（一九八七年四月）

訪問国——バチカン、スイス、イギリス
バチカン：ローマ教皇表敬、諸宗教対話評議会。スイスのジュネーブ：世界教会協議会（WCC本部）。イギリス：カンタベリー（イギリス聖公会本部）。

第三次使節団（一九八七年六月）
訪問国——バチカン、フランス、イギリス

特に第三次使節団では具体化した参加者の顔触れと大会日程を説明し、さらに、八月四日日本時間の午後三時半に平和の鐘をそれぞれの教会で打つことに協力を要請しました。

さて国内の準備状況は日本宗教代表者会議の発足以来、大会当日までの約一ヶ年の間に、各教団の宗務総長、理事長クラスで構成する決議機関である常任委員会を三回、総務部長クラスで構成する運営委員会を十回、また比叡山メッセージ起草委員会が四回開催されました。一方、実務を担当する事務局は、総務、財務、渉外、接遇、会議、儀典の六委員会が設置され、各教団からやはり有能なスタッフが派遣され、大会の準備と運営に当たったのでした。これらの組織が急ごしらえの寄り合い世帯にもかかわらず、じゅうぶん機能して立派な役割を果たしたのは、まさにこれこそ宗教の奇蹟ともいうべきことかもしれません。

大会のテーマ

次に大会テーマについてですが、比叡山宗教サミットの正式の名称は「世界宗教者平和の祈りの集い」であります。したがってテーマを設け具体的な問題について、丁々発止と議論する場ではありません。その点、日本のメディアには大きな誤解があったように思われます。あくまでも平和を祈ることが中心です。しかしメディアは、宗教の違いを越えて議論することを期待していたようですが、学会とは異なるのです。

まず宗教間対話が成立するには相手に対し、敬意を払わなければなりません。それにあくまで対等であることが、必須の条件であります。かつて一神教と多神教の出会いがあり、一方が多神教をアミニズムと批判し認めませんでしたが、現在はアミニズムの価値を矮小化した見方こそ誤りである、とする考え方が主流になりつつあります。どちらか一方の教学に立って相手の価値を否定しようとしても、そこからは何も生まれません。そのことに気がついたことから、宗教間対話がはじめられたのであります。そしてその出発点が祈りであったわけです。祈ることによって神仏が力を与えてくれたり、また神仏が私たちに代わって何かをしてくれたりするわけではありません。祈りはいかに自分が至らざる小さな存在であるかを教えてくれます。さらに足らざることを知ることによって、必ず何かの気づきを発見するか、与えてくれることが少なくないのではないでしょうか。祈りとは宗教の究極の行動であります。そこで誰もが望む平和を招来したいのであれば、宗教者はお互いの垣根を越えて、まず祈りからはじめなければならないでしょう。それから対話し、行動を通じて協力し合うことになると思います。

今までは長い歴史の中で宗教は対立し、今日でも紛争を助長している場合が少なくありません。少なくとも宗教が紛争に関わることが誤りであることを、広く知ってもらうことが必要であります。しかしそのためには相手の宗教を批難するのではなく、自ら信じる宗教も誤りを犯してきたことを自覚し、お互いの立場をじゅうぶん認識することが大切です。そしてこのような作業が一朝一夕のうちに、急に進展するわけでもありません。なんといっても諸宗教間の信頼関係の成立が重要であることは前にも述べた通りです。

メディアの見当違い

しかしながら今日まで各宗教の指導者が出会い、言葉を交わすことは皆無に近いことでした。ところが日本国内では民族の同一性が高く、同じ文化を共有し、言葉も食物も習慣も宗教が異なることによって違うことはあまりありませんでした。そのうえ明治維新までは神仏習合であったので、今でも正月になれば多くの国民が神社や仏閣の両方にお参りします。またクリスマスも国民生活に習俗として浸透しています。実際、明治に入って各宗教の連合組織ができ、それらの連絡機関として日本宗教連盟も結成されました。宗教間の垣根が比較的低かったといえるかもしれません。ですから諸宗教間で議論を交わす風土は、ある程度できているのです。

そのような環境にある日本のメディアは、無造作に世界の諸宗教の代表が集まるのに、議論を戦わせないのは意味がないと、アッサリ切り捨てます。事実、宗教サミット終了後のメディアの批判を読むと、残念ながら勉強不足や思い込みからくる見当違いの批判が少なくありませんでした。日頃宗教をあまり扱ったことがないことの裏返しといえないこともありません。

例えば文部大臣を開会式に招く計画があり、キリスト教の反対で中止になったと報道し、政教分離のいろはも知らないと、批判を寄せた新聞がありました。ヨーロッパでは重要な会議ならば経済界であれ学会であれまた宗教会議であっても、なんであれ首相級が出席するのは当たり前です。政教分離とは政治が特定の宗教に対して利益をはかることを禁止することです。ですから、宗教の存在、すなわち信教の自由を憲法上認めているのであれば、諸宗教の会議に閣僚が出席するのは政教分離に抵触することにはならないと思います。会議の目的が公共の福祉に貢献するものであれば、問題はないはずです。

ちなみに宗教教育が行われている宗教立の学校や宗教行事が行われている寺院、教会の建物が文化財であればその修理などには日本でも公金が支出されています。

また反サミットの宗教者たちを話しも聞かず追い返した、という記事もありました。この宗教者グループは、わざわざ会議がはじまった時間に押し寄せてきたのでお断りしました。こちらが聞く耳を持ち、お待ちしていたときは来ませんでした。特にメディアに評価してほしいとは思いませんが、もう少し客観的な報道のしかたもあるのではないか、と思った次第です。ちなみに宗教サミットの紀要を作成しましたが、以上のような批判記事もすべて収録しました。

平和への提言

次に問題の宗教サミットのテーマです。もちろんいろいろとたくさん議論がでて集約するのに苦労しましたが、結局「平和への道」ということに決まりました。そしてこのテーマで各宗教の代表者に提言をしてもらうことになったのです。宗教間対話といっても、まだ歴史が浅く、実務者レベルでその専門分野での討議の機会は次第に増えてきたものの、宗教指導者が一堂に会して相互に提言し、意見を交換することは今までありませんでした。そこで今回は平和についてそれぞれの宗教の基本的姿勢を聞くことによって、相互理解とこれを契機に対話や連帯の可能性を探ることにしました。

次に提言の中で注目すべき点をいくつかあげてみましょう。その中でも（三）は日本の宗教者ではなく、海外の宗教者の発言であることにより意味があると思います。

（一）世界的宗教の代表者が祈りの重要性を高く評価し、認識を共有したことはたいへん意味がある。

（二）戦争が開始されれば、それを続行するにはわずかな人々の意志で足りるが、戦争を中止し平和を実現するためには、全員の協力が必要であることを知らなければならない。

（三）核兵器の使用は人類に対する犯罪である。この犯罪の犠牲者は皆が犠牲者であり、広島、長崎の悲劇は人類全体のものと受け止められなければならない。二度と繰り返さないため、責任を共有することが大切である。

（四）核兵器は核兵器をもって止められるものではない。道義の力でのみしか止められない。

（五）宗教の誤用が平和を乱すことがあり、気をつけなければならない。特に権力者の誤用について注意すべきである。

（六）平和のための国際協調、国家への提言なども重要だが、うっかりしていると目にも耳にも入ってこない小さな小さな状況に追いやられている人、今すぐにでも救いを必要としている人の姿をみとめ、その呼吸を聞き分けることに対し、鈍感であってはならない。それが平和への第一歩であるからだ。

対話の継続

比叡山宗教サミットは世界十数ヶ国から、仏教、キリスト教、イスラーム、ユダヤ教、ヒンドゥー教、シーク教、儒教、民族宗教などの宗教指導者三十余名をはじめ、国内参加者千六百人が比叡山上に集い、共に世界平和を祈りました。それに花を添えるようにカトリック系の団体フォコラーレの少年少女たち十二名が、四十七ヶ国十六宗教十四万六千四百五十九名分の平和の署名を持参、名誉議長の山田恵諦座主に手渡し、満場の拍手が会場に鳴り響きました。

最後に比叡山メッセージが発表され、宗教サミットは全日程を終了、その幕を閉じました。比叡山メッセージには「平和のために祈るべくここに集まったわれわれの営みが、世界の到るところで繰り返され、繰り拡げられ、……」と謳っていますが、その後比叡山宗教サミットは三十回にわたって続けられ今日を迎えましたが、今後さらに回を重ねていくでありましょう。

一方、一九八六年ローマ教皇ヨハネ・パウロ二世の提唱で開かれた、イタリアのアッシジにおける平和の祈り集会は、教皇の希望でカトリックの青年信者組織、聖エジディオ共同体の手に委ねられ、ヨーロッパ各地を巡りカトリック教会の支援を得て、毎年開催されることになりました。その祈りは諸宗教に対等に開かれた祈り、「アッシジ精神」として伝えられていくことになったのです。この地球上の東西で開かれる集会は、諸宗教による祈りと対話を重視し、それ以後の宗教対話の歴史に大きな影響を与えました。「対話」によって何が生まれるか。この命題を提起したことは、宗教と平和の問題を考えるとき、「継続」と共にその方向性を指し示すものではないでしょうか。そして今や「対話」がなければ何も生まれない、「対話」こそ平和の原点であることが少しずつ理解されてくるようになりました。

比叡山メッセージ

第一回比叡山宗教サミット

一九八七年八月三日、四日、比叡山開創一千二百年を記念して、平和のために祈るべく「比叡山宗教サミット」に参集したわれわれ、世界の諸宗教の代表者は、世界平和に真摯な思いを寄せる宗教者および他のすべての人びとに対して、心からのメッセージを送りたいと思う。

平和のために祈るべくわれわれがこの地に共なることは、一九八六年十月、諸宗教の指導者が集ったアッシジにおける世界平和祈願の日のあの開かれた精神をいまここに継承するものである。かの地に集った宗教指導者たちは、自らの宗教的伝統を忠実に守り、自らの信仰を貫きながら、しかも今日の悩める世界に対して、平和と人間の大義に献身しようとする宗教共通の決意を力強く証ししようとした。

平和の願いは、いかなる宗教にとっても根本的なものであることをわれわれは認識し、かつ主張する。そもそも平和とは、単に戦争がないということではなく、人間どうしの睦み合う融和の状態、人類共同体の実現をいう。およそ正義や慈悲のないところに平和はない。かかる平和こそ、すべての宗教者によって誠実に希求されなくてはならない。

われわれが祈るとき、われわれはまず平和の務めに相応しからぬことを認めざるをえない。そのゆえに、より忠実に献身しうるよう、自らの内面的革新をひたすら乞い求める。平和のために祈ることは、平和のために働くこと、そして平和のために苦しむことですらある。平和の大義に対する奉仕と犠牲は、さまざまなかたちや方法であらわされ、紛争の解決、核兵器および通常兵器の軍縮、開発、環境の保全、人権、難民への配慮、不正な社会制度の変革などに資する働きとして具現されるであろう。宗教者は、常に弱者の側に立つことを心がけねばならない。

われわれの使命はあまりに大きく、われわれの力はあまりに小さい。それゆえわれわれは、まず祈りから始めなければならない。われわれを超えた大いなる力によってわれわれの真実の祈りは聴かれ、われわれの切なる願いは顧みられることをわれわれは認識し確信する。祈りや瞑想、さらに感謝を通して、われわれの心と思いは浄められ、ささやかなりとはいえ平和のために役立つものとならしめられるであろう。

平和のために祈るべくここに集まったわれわれの営みが、世界の到るところで繰り返され、繰り拡げられ、全人類が渇望してやまないこの大いなる平和の賜物が、われわれの時代に与えられんことを切に祈る。

第三十回比叡山宗教サミット

比叡山メッセージ二〇一七

本年、比叡山宗教サミットは三十周年を迎えた。一九八七年八月、世界の平和を祈るべく、我々は宗教・宗派の垣根を越えてこの地、比叡山に参集した。それは前年十月、諸宗教の指導者が集まったアッシジにおける「世界平和祈願の日」の、あの開かれた精神を継承するものであった。やがて我々と思いを同じくする宗教者によって、世界各地で諸宗教による平和の祈りが捧げられ、宗教間の対話や協働の輪が広がりを見せている。この度の「世界宗教者平和の祈りの集い」に参加した我々は、真摯な祈りを捧げるとともに、世界のすべての人々に心からのメッセージを贈りたいと思う。

今や世界は、排他的傾向が広がり、対立と分裂への動きが深刻化していることを、我々は憂慮する。かつてスマトラ沖大地震や東日本大地震など自然災害が人々を容赦なく襲い、絶望の淵に追いやった。そのとき、国際機関や各国政府の救援はもとより、国内外から多くのボランティアや宗教者が馳せ参じ、支援の手を差し延べたことは記憶に新しい。その国境を越えた人々の献身や連帯の姿に、一筋の光明を見る思いがしたのであった。

ところがその後、ヨーロッパ各地では市民の憩いの場を狙うテロが頻発した。その行動は、政府や公共機関に打撃を与えるばかりでなく、罪のない市民に対するいわれのない攻撃でもあった。それはまた、豊かな消費を謳歌する一部の現代文明への怨念を表すものでもある。一方、中近東などの地域では長期にわたって戦闘や空爆が続き、多くの住民が犠牲になり、また難民生活を余儀なくされている。地球市民には、テロや国家暴力を抑えきれないことへの絶望も広がっている。

我々宗教者はいかなる理由があろうとも、尊いいのちを軽んずる暴力を認めることはできない。格差社会で排除され抑圧されている人々の苦難もまた忘れることはできない。差別や不公正を許さない社会の実現のために、宗教者にもその責任があることを胸に刻み、我々は市民社会と強力な連帯を構築していくことを決意する。

いのちの尊さを考えるとき、環境問題の重要性もまた認識しなければならない。すべてのいのちを育む地球が、人間の欲望の犠牲となることを放置すれば、温暖化がいっそう加速して取り返しのつかない結果となることは自明の理であり、我々は警鐘を鳴らすものである。

人類を滅亡に追いやる核兵器の廃絶は、高齢になった被爆者が存命している今こそ、さらに強く訴えていくべきである。原子力発電所の事故による災害や環境汚染を何度も経験してきた人類社会は、将来世代にきわめて大きな負荷を及ぼす原子力の利用の限界を深く自覚しなければならない。我々は核廃棄物を残す核エネルギーの利用に未来がないことを強く訴える。

いのちの尊さが脅かされている背景には、現代の政治・経済体制の問題があることを認識しなければならない。近年、科学技術と経済機構があいまって人間の欲望を刺激し、そこから利潤を引き出すことのみに追われる傾向が強まっている。たとえば動植物のゲノム改変を推し進めるだけでなく、新たな生命科学を用い人間という種のあり方までも変えてしまう可能性も危惧されている。人類の倫理的自覚が科学技術の発展に追いつかず、特に核開発以後、それは顕著になっていて、人類の福祉のために科学技術を方向づけることがますます困難になってきている。まさに今、世界の諸宗教が培ってきた叡智をもって、倫理的な吟味を踏まえた科学技術の発展を求めるべきときである。

国連は二〇一五年に持続可能な開発目標SDGsを満場一致で採択し、次の十五年間に向けてのさまざまな取り組みを始めた。これは、従来のままのありかたでは、地球社会の持続が不可能であるという危機感のもとに、世界を変革するというゆるぎない意思を示すものである。この開発目標は取り組みの過程で「地球上の誰一人として取り残さない」というもので、まさに宗教者の立場と一致しており、これを強く支持したい。

とくにSDGsでは公平で質の高い教育をめざしている。我々も、教育は人格陶冶の第一歩であり、心に平和の砦を築くために欠くことのできないものと考える。すなわち平和を脅かす倫理観の欠如や正義の歪みを正し、欲望を制御し、愛や慈悲に満ちた豊かな人間性を育むために、教育は宗教的基盤とともに、欠くべからざるものであるからだ。したがってこの課題は、宗教コミュニュティーがもっとも協力できる分野であることを表明する。一方、宗教コミュニティーの中に暴力や差別を動機づけ、教育の自由と平等を阻害するグループがあれば、我々は辛抱強く説得する責任をもつものである。

これまで人類が直面する諸問題を解決するために、我々は国連などの国際機関と連帯し、また各種条約による枠組みに沿って対処する努力を行ってきた。ところが最近、先進国の中でも経済構造の変動により、格差問題が深刻化するようになり、国際的連帯より自国中心主義が主張されはじめた。しかし先進国の繁栄は自国の努力のみならず、発展途上国に支えられてきた側面を忘れてはならないだろう。平和を考えるとき一番重要なのは、他者の存在を受け容れ、弱者に対する配慮を欠かさないことである。

三十年前、我々は「宗教者は常に弱者の側に立つことを心がけねばならない」と世界に宣言した。しかしその責務を十分に果たしてきたとはいい難いことを、率直に告白せざるを得ない。そこで改めてここに決意を新たにし、宗教者の連帯の絆をいっそう強め、「忘己利他」の精神で平和のために献身することを誓うものである。

憎悪と排除からは争いしか生まれない。忍耐強い対話と他者の存在を受け容れる努力こそ、平和への近道であることを強く訴える。そして我々の切なる願いが神仏に聞き届けられるように祈り、行動していくことをここに宣言する。

比叡山宗教サミット三十周年を振り返って

比叡山宗教サミット三十周年記念「世界宗教者平和の祈りの集い」が、平成二十九（二〇一七）八月三、四の両日、東京国際会館並びに比叡山を会場に盛大に催されました。思えば三十年前、世界の耳目を集め、異なる宗教の垣根を越えて開催された「比叡山宗教サミット」は、改めて平和に対する宗教者の役割を己れに問いかけることになり、一方では社会から問われることにもなりました。

しかし、宗教間対話とか宗教協力という言葉は次第に聞かれるようになったものの、その定義や実践において、それこそ宗教によって理解や浸透の度合は大きく異なってもいました。そこで世界平和実現のためには、宗教間の対話を通じて相互理解を少しでも深めていくことが喫緊の課題である、と考えた宗教者たちによって、世界各地で諸宗教による対話と祈りの集会が少しずつ開催されるようになりました。

比叡山宗教サミットもその試みのひとつであり、継続することの重要性を関係者は身に染みて感じ取っていったといえるでしょう。それが三十年たった今日でも、少しも色褪せることなく平和の祈りの集いが開催され、遅々とした歩みではあったものの、先の報告のまとめ通り、確実な成果を共有できたことは評価に値するといえるのではないでしょうか。

比叡山宗教サミットを振り返って

日本宗教代表者会議の顔ぶれ

それでは比叡山宗教サミットについて、その三十年を検証していきたいと思います。まず比叡山宗教サミットが開かれることになった経緯や、その意義については先に述べたとおりですが（八十四頁参照）、その後どのような経過で三十周年を迎えることになったのでしょうか。

いうまでもなく比叡山宗教サミットは、日本の宗教界の総力をあげて実施することが目標でありました。そのために実行委員会を組織するにあたり、その名称を「日本宗教代表者会議」とし、日本の代表的宗教者はもちろんのこと、各教宗派の第一線で活動する気鋭の宗教者のほとんどを網羅することが要請されました。儀礼的に各組織の代表者の名義を借用するのではなく、実質的に各組織が機関決定を行い、人材と経費を送り込む体制にならないかぎり、その成果が期待しにくいというのが、その理由です。

そしていろいろな困難はありましたが、日本宗教連盟協賛の五団体、すなわち教派神道連合会、全日本仏教会、神社本庁、日本キリスト教連合会、新日本宗教団体連合会と、諸宗教間の対話と協力を推進することを目的としている世界宗教者平和会議（WCRP）日本委員会と世界連邦日本宗教委員会の二団体、計七団体が機関決定をして、参画することになったのでした。

したがって日本宗教代表者会議の役員の顔触れを見ますと、顧問に各教団の管長、教主、会長を迎え、特に名誉議長に天台座主、名誉顧問に日宗蓮の五団体の長に就任いただきました。また常任委員会すなわち議決機関の委員には、各大教団の宗務総長や理事長など実務の最高責任者をお願いしました。そして実際に宗教サミットの各部所の運営にあたる運営委員には、各教団の総務部長などの実務責任者が担当することになりました。もちろん各委員にはたんに教団からの出向者のみならず、自他共に認める長年宗教協力を実践してきた有為な人材にも、協力を仰いだのでありました。したがってそれらの顔触れをみると、文章通り日本の宗教界の看板と実務者が勢揃いするという、日本の宗教史上例を見ない画期的な体制ができあがったのでした。

さらにここで注意すべきことは、過去の宗教者の集会において、その参加者名簿をみると、宗教サミットに類似するものがなかったとはいいきれません。しかしその記録や関係者にあたってみると、名簿に掲載されている人々が必ずしも出席しているとは限らず、趣旨に賛同したけれども機関決定がなく名簿だけの協力者が少なくないことです。ですから日本の宗教界を代表するような象徴的な宗教指導者が一堂に顔を揃えることは、たいへんめずらしいことだといわねばなりません。ところが比叡山宗教サミットは、不可能と思われていた前例を破り、日本宗教史上初めてといえるほど、各教宗派のトップクラスの人々が集まりました。それほどの意義が宗教サミットにはあり、また宗教者の危機感が強かったことを示しているのだと思います。

しかしながらこれがいくらすばらしくても、一過性のイベントで終わってしまえば何の意味もありません。いかにして宗教サミットの精神を未来に伝え、発信し続けていくかということがもっとも重要な課題であります。もちろん宗教サミットのような大規模な大会を毎年開催することは、日本の宗教界の現状から困難でありました。少し大げさにいえばオリンピックを毎年開催するようなことだからです。

平和の祈りへの取り組み

そこでせめて宗教サミットの根幹である諸宗教による平和の祈りを、続けることができるかを第一に考えました。山田恵諦座主はじめ宗教サミット開催に中心的役割をはたした人々は、みな続けることの重要性を強調しておりました。

しかしそのための具体的方策となるとなかなかよい方法が見つからないのが現実でありました。もちろん次の年も日本宗教代表者会議を組織し、同じ規模の祈りの集会を計画する案もあったでしょう。しかし現実にそれを実施した場合、前年を上回る理解と成果が得られるという保証はどこにもありませんでした。たとえ二年目が前回に近いレベルで開催できたとしても、三周年と続けて開いた場合、息切れをして内容が希薄になる恐れがあります。それほど一回の大会を開くには、いろいろな面で大きなエネルギーが必要なのです。さらに一度モチベーションが下がると、それを元に戻すことは容易なことではありません。しかし、平和の祈りの集会は、地味ではありますが、その目的から祈り続けなければ意味がないといっても過言ではありません。

そこでまず宗教サミットの会場に選ばれた比叡山、すなわち天台宗が呼びかけ人となり、祈り続けるために翌年の一九八八年に宗教サミット一周年記念の平和の祈り集会を開催することになりました。

しかしこの呼びかけはけっして安易な気持で行えるものではありません。祈り続ける宗派が、いや祈り続ける人間が最後の一人になっても祈り続けるという、強い覚悟が必要であります。その結果、天台宗では「天台宗国際平和宗教協力協会」を設立し、八月四日を平和の日と定め、比叡山宗教サミットの精神を引き継いで、毎年平和の祈りの集会を開くことを決定したのであります。

一つの宗教団体が何か行動をとるとき、その目的がなんとなくよさそうだ、というだけでは組織として働くことはできません。そこには教団設立の理念と合致するものがなければならないのです。そこで天台宗はどのような考えのもとに、平和の祈りに取り組むことになったのでしょうか。私は次のように考えています。

平和活動の基本理念と伝教大師

比叡山を開いた天台宗の宗祖伝教大師は、「妙法華のほかに一句の経なし」と述べています。しかしこれは「法華経」以外に経典として認められるものはない、といっているのではありません。逆に釈尊が説かれた教説は、実はすべてが「法華経」であるというのです。すなわち「法華経には「根本《こんぽん》法華」「隠密《おんみつ》法華」「顕説《けんせつ》法華」の三種類の法華経がある」としています。

根本法華とは、釈尊が開かれた悟りの内容そのものをいい、言葉では簡単に表現できない深遠な哲学を指します。隠密法華とは「法華経」という経題こそ隠されているものの、根本法華の思想を理解するための手立が説かれている「法華経」と呼ばれている経典以外の諸経典をいいます。そして顕説法華とは、釈尊が本当に説きたかった経典で、それを説くには、人々の心のあり方や能力が聞き入れられる状態、すなわち機縁が熟していなくてはなりません。そして、その内容はすべての人が救われる、いわゆる一仏乗の教えを言葉で表した「法華経」そのものをいいます。

この顕説法華を根本とした天台宗の公認を朝廷に願い、伝教大師は次のような上奏文

を提出しました。その中に、

一目の羅《あみ》、鳥を得ることあたわず。一両の宗、何んぞ普《あまね》くを汲《く》むに足らん

という文章があります。カスミ網のように鳥を捕えるのに優れた網であっても、網の目がたった一つだったら鳥がひっかからないと同様に、一つの宗派だけでは、すべての人々を救うことはできない。だからすでに活躍している奈良仏教の各派に加えて、天台仏教も公認し、衆生済度のための活動を許可してほしい、という意味です。

このような宗教観は、地球市民というグローバルな現代の視点から見れば、キリスト教もイスラームもユダヤ教、さらにヒンドゥー教やその他の民族宗教などは、すべて人々のために真理を説いているもので、伝教大師の立場から見れば、もちろん仏教も含めて「隠密法華」であるということができます。それこそ仏教には、いわゆる八万四千の法門があり、人々のそれぞれの機根（特性）に応じて説くとありますが、まさしく世界には人々の心の平安や幸福を願う宗教がいろいろあり、それらは人類にとって意味のある存在であるというわけです。ですから自分の信じる宗教を最高とするあまり、他を排斥することは正しい道ではないとする立場です。

しかし伝教大師は、いたずらに天台宗を論難する人々には厳しく対応しました。伝教大師が学んだ中国の天台大師の言葉に「一目の羅、鳥を得ることあたわざるも、鳥を得るのは一目の羅のみ」という言葉があります。一つの網の目では鳥は捕れない。だからこそカスミ網には鳥が引っかかるように、たくさんの網目がつながっている。けれども実際にカスミ網で鳥を捕えてみると、鳥が引っかかっているのは一つの網目である、というのです。

すなわち、いろいろな宗教が存在し人々のために活動しているけれども、実際に一人の人間が救われるのは、一つの教えである、というのです。ですから他の宗教の存在は否定しないけれども、自分の信仰に忠実に責任をもって教えを説いていかねばならない、としているのです。いわゆるどの宗教でもかまわないという宗教混淆主義（シンクレティズム）とは、ハッキリ一線を画しているわけです。

さらに「法華経」を理解して実践する立場には二つの考え方があります。「破折《はしゃく》」と「融摂《ゆうしょう》」です。破折とは、智慧で相手を論破して従わせる立場です。一方、融摂とは慈悲で相手を救っていく方法です。伝教大師が立つ仏教の根本精神は「己を忘れて他を利するは慈悲の極みなり」といって、「自分のことは勘定に入れずに、他者のことを慮る」ことこそ人間としてあるべき姿、すなわち菩薩《ぼさつ》であるとしています。この言葉はローマ教皇ヨハネ・パウロ二世聖下もスピーチで引用された言葉ですが、天台宗の平和活動の基本理念は、以上のような伝教大師の精神に根ざしています。すなわち、平和の祈り集会は、宗祖の教えを実践する道であると位置づけていることにほかなりません。

さらに山田恵諦座主は、世界宗教者平和の祈りの集い（宗教サミット）を続けていく場合、天台宗の立ち位置について、

能舞台における松のようであれ

といわれましたが、まさに名言であります。能舞台の正面には必ず松の絵が描かれており、松の絵がない能舞台はありません。そして能役者はその前で踊ります。すると松は役者の踊りを引き立たせる役はするものの、けっして邪魔はしません。ところがもし松がないとなると、不思議なことに、その舞は何か納まりが悪いように感じられるものです。

「世界宗教者平和の祈りの集い」の開催

さて比叡山宗教サミットの翌年にあたる一九八八年八月三日、天台宗では能舞台の松になりきるつもりで、一周年を記念する「世界宗教者平和の祈りの集い」開催を呼びかけました。さらに平和の祈りの精神を未来に向けて発信し続ける原点として、比叡山上の祈りの行われた場所に「宗教サミット記念碑」が建立されました。

そして祈りの日当日は、日本宗教連盟の協賛五団体の代表はじめ、世界宗教者平和会議日本委員会、世界連邦日本宗教委員会のトップが勢揃いするなど、日本の宗教界の平和の祈りに対する熱意は、少しも衰えていませんでした。当時の日本カトリック司教団議長白柳誠一大司教はキリスト教連合会を代表して、

第一回目があっても第二回目がなければ、これに継ぐものは生まれることができません。これは比叡山の皆さまの広く開かれたこころ、平和への熱望によって実現したもの……

と、一周年の行事を高く評価されました。

さらに教派神道連合会を代表して大本の人類愛善会会長の広瀬静水先生は、

比叡山宗教サミットの精神は、一年を経た今日その色があせるどころか、ますます
その輝きを増していると思うのでございます。

と挨拶され、それぞれ平和の祈りの継続に大いなる期待と協力を表明したのでありました。さらに一周年の祈りの集いには、海外からは、国連親善大使の世界的な音楽指揮者ロレン・マゼール氏も参加、「伝教大師によって灯された崇高なる光明が世界の暗い部分をつらぬき、世界を明るく導くことを願う」と述べ、参加した八百人を越える宗教者や次代を負う中学生に、比叡山における平和の祈りの意義を語りました。

このようにして一周年を迎えた比叡山宗教サミットは三周年はもとより、十周年、二十周年と回を重ねるべく、平和の訪ずれを実現するまでの、その力強い一歩を踏み出したのであります。

十周年比叡山宗教サミットを振り返って

冷戦後の世界

第一回の宗教サミットに続いて一周年も、それぞれ信じる宗教が異なる人々が時間と空間を共有して祈るということ、それだけでそうとうの意味がありました。宗教は対立するものというのが世界の常識でしたから、各宗教を代表するような人たちの出会いは画期的なものでした。

それから、十年が過ぎて世界は変わりました。東西の二極体制、いわゆる冷戦というものがソ連の崩壊で終結したわけです。その時に「さあ、平和がきたのだから宗教間対話なんて何の意味があるのか」などという人も出てきました。ところが、すぐに世の中はそう簡単なものではないということを人々は知ることになります。

各地で民族紛争が勃発しました。国家を形成しているのは、民族です。単一民族の国家ばかりではなく、むしろ複数の民族によって形成されている国の方が多いのです。それには、種々の理由があるのですが、たとえば第二次世界大戦の結果でむりやり国境線を引かれたという事情もあります。国家は違っても、国境線を挟んで同じ民族が存在するという、ひじょうに複雑な状況が生まれたりしたわけです。

冷戦時代は、各々の国が、複雑な民族事情を抱えつつ、米ソの二大陣営の中にそれぞれ組み込まれていました。そして核をはじめ強大な軍事力などで、押さえ込まれていたのです。その重しが取れたために、ひとたび何か問題が起きれば、同一国内でも異なる民族の対立を招き、紛争が勃発するようになったのです。事実上は、民族問題というよりは、利害関係の方が大きかったといえるかもしれません。

民族が異なれば、宗教、文化が違います。世界では同一民族であることは、同じ宗教を信じていることと同義です。そういうことから宗教戦争ではないかと、象徴的なレッテルをマスコミが貼りました。そこで、宗教の摩擦を取り除かねば平和はこないのではないか、という声が出てきたのです。ですから私は、宗教対話とは、人類が平和を実現するための重要な方法論のひとつだと考えております。

どの宗教も平和を語らないものはありません。人々の幸せと心の平安をもたらすのが、宗教です。そのような社会状況と宗教者の使命を考えたとき、十周年サミットでは、たんに異なる宗教者が集まるだけでなく、お互いの対話が重要になってきます。それぞれの宗教を代表する指導者どうしの対話がはかれるかどうかが大きな鍵でした。

十周年宗教サミットの成果

結果的には、海外十八ヶ国三十五人の公式代表と三十二人のオブザーバーが参加され、国内四千人の参加者という、初回の宗教サミットを越えて日本宗教界空前絶後のサミットとなりました。バチカンからアリンゼ枢機卿あるいはイスラーム法学の最高権威者であるシリアのシェイク・アハマッド・クフタロ師、イスラームの大本山といわれるアズハルからアズハル大学学長のアハマッド・オマル・ハーシム博士、また世界イスラーム連盟事務総長のアブドッラー・アール＝オバイド師など錚々たる顔ぶれが勢揃いしました。彼らが本当に来日するのかどうか、ずいぶんやきもきしたものです。もちろん、そのために第一回サミット以来の十年間、各宗教者との連絡を密にして、トップだけでなく、各関係者と友好関係を築くという地道な努力をしてきたのです。

ですから、平和の祈り、また講演・スピーチには、もちろんたいへん重要な意味がありますが、十周年サミットの中心の鍵は、それぞれの宗教の立場に立った意見交換にあったのです。公式会議では、フロアからの質疑応答はありましたが、宗教者が同じテーマについてお互いに議論をするということは、今まではできませんでした。世界を代表するような宗教者が丁々発止とやりあうのはすばらしいことですが、現実にはよほど信頼関係がないと不可能なことであります。

しかし、それでは、問題が深まらないというので、最後にシンポジウムの形式で相互の意見を戦わせる場を企画したのです。その内容はＮＨＫの金曜フォーラムという番組で全国放映されましたから、皆さんよくご存じと思います。しかし、今はじめて明らかにしますが、最後まで、そのテーブルにカトリックのアリンゼさんと、イスラームのオバイドさんが出てくれるかどうか難航しました。事前に事務局や秘書に相談した段階では「私どもの代表は、そういう場に出ない」と拒否されていたのです。

最後の手段として、それらの代表が日本に到着されてから、ご本人と直接交渉するしかないと、私は腹をくくりました。長年の宗教交流の経験から脈はあると感じていましたが、ＮＨＫの番組としての設定もあり危険なカケでした。

ねばり強く必死で交渉した結果、「わかりました、比叡山流には負けました、出ましょう」と寛大な判断を下されたときはホッとした次第です。しかし発言の順番をめぐっても決定まで紆余曲折がありました。しかし結果的には自画自賛になりますけれど、ひじょうに画期的なシンポジウムだったと思います。公式会議の中では自分の宗教の基本原則を話す人が多かったにもかかわらず、シンポジウムでは、和解の問題や、人間の尊厳などについて直截な発言があり、対話を通じて相互理解が深まりました。

もちろん、十周年宗教サミットは、平和の祈りが主です。ところが全体を見て評価を下すならば、皆さんが全プログラムの「つけたし」と思っていたシンポジウムこそ、実質的な成果だったと考えています。責任ある人が、みずからの言葉で語ったからです。ですからその様子がメディアに載ったことも合わせて、海外ではたいへんな反響を呼びました。まさに十周年サミットは、歴史的行事でもあったわけです。

十五周年宗教サミットの意義

過去のサミットは、日本の宗教界が宗教協力をしながら、物心両面の力を合わせて開催したものです。ところが、十五周年は天台宗が中心となって、諸宗教の協力を得たものです。表面上は同じようにみえても、違いがあります。諸宗教が積極的な参加意識を持って力を合わせて宗教協力の実をあげてゆくということが大事なのです。サミットが天台宗にとってどれだけ意味があるのか疑問だという声が出ていると聞きます。

しかし、一宗派の天台宗が諸宗教のお手伝いをできる、そのような場所を提供できることに大きな意義があると私は思います。各宗教・宗派が集まっていただける、それは宗祖のお徳があるからです。さらには宗教間対話に先駆的役割を果たされた、山田座主、葉上大僧正はじめとする先人は、何よりも諸宗教との調和を大切にされました。その衣鉢を、継いでいるわけでしょう。そのことを忘れて一宗派の力でも同じことができると思ってしまうと、これまでのせっかくの努力が無になってしまう危険があります。

今、世界には、諸宗教間対話の会議や組織が多くなっています。その中でどういう特色を出すかが鍵でしょう。競争することはありませんが、アジアのそして日本の宗教者という立場で、広い視野を持ち、その上に立って、具体的にどのように役割を担うのか、正念場を迎えていると思います。そのためには、宗教協力の哲学を構築していくことが課題になっています。対話から協力へと進むには、無原則では難しいからです。

そしてこれからは「共創」という哲学を基に行動することになるでしょう。共創の原理とは、自己の価値観とは別なものと思われても、対話を通じてそれぞれの価値観を基盤としながらも、共同で新しい価値観を創り出す、ということです。その共創の価値観ができあがったときには、それが自己の価値観と矛盾をしないというものです。そのときはじめて宗教協力の実が結ぶのです。おそらく、伝教大師のいわれた「一目の羅《あみ》、鳥を得ることあたわず。一両の宗、何んぞ普くを汲むに足らん」というお言葉に通じるものがあるのではないかと思っております。

私は、キリスト教やイスラーム、そしてユダヤ教を含めて一神教が彼らだけで共創の哲学を創り出すのはたいへん困難だと思っています。そこにどうしても仏教が大きな役割を期待されているのだと思います。その自覚に立って今後の宗教サミットを考えていくべきでありましょう。特に綜合仏教である天台宗は注目される立場にあるというか、使命があるように思われます。その意味で天台宗の海外開教もけっして宗教サミットと無関係ではないのです。ひじょうに高度で緻密な哲学をもち、かつ融合的な天台仏教の考え方を、宗教間対話あるいは海外開教を通じて紹介していくことが、文明の衝突を越える手立ての一助となると信じています。

二十周年比叡山宗教サミットを振り返って

ボスニア紛争と平和の祈りの鐘

二〇〇七年八月、比叡山宗教サミット二十周年記念「世界宗教者平和の祈りの集い」が、三たび日本宗教代表者会議が組織されて開催されました。

人類は二十一世紀を迎え、この時代を希望の世紀にするべく期待をもって迎えたものの、その矢先の二〇〇一年九月十一日にアメリカで同時多発テロが起きました。この事件は多くの人々を震撼させただけでなく、のちにイラク戦争の契機となっていきました。

世界は民族紛争に対する大国の介入などから過激派を生む素地ができ、紛争はいっそう複雑さを帯びてきました。

そのような時代背景の中で、二十周年の平和の祈りの集いの大会テーマは、「和解と協力」と決められました。すなわち対立は憎悪を生み、力による解決は表面的には対立が解消されても深い傷を残し憎悪をいっそう激しくするだけです。そこで宗教者としてもっとも重視すべきことは、相手を許し和解することであり、それはもっとも困難なことですが、逆に平和への最短距離であることを訴えていくことになりました。

そのために紛争地域ボスニアで、親や子ども、あるいは仲間を失った人々が、かつての敵対関係を乗り越えて共に農業に従事して暮らす、ボスニア・コミュニティー・ガーデンの子どもたちを迎え、その話を聞きました。宗教対立の激しかった地域に暮らしていた子どもたちに、平和をテーマに絵を描いてもらいましたところ、カトリックの教会、セルビア正教の教会、イスラームのモスク、ユダヤ教のシナゴーグ、それぞれが橋でつなげられているものがあり、とても印象的でした。ボスニアはかつての冬季オリンピックのメイン会場が戦死者の墓地と化しました。二〇一五年に訪れたことがありますが、

20周年比叡山宗教サミット・世界宗教者平和の祈りの集いにおいて、ボスニアと広島の子どもたちによる「平和の鐘」の打ち初め（©天台宗）

まだ復興もままならず、銃弾の傷跡が生々しく残っている状態でした。

このボスニア紛争の調停に現地の宗教指導者が立ち上がりましたが、彼らを支援したのがそれぞれの本部でした。カトリック諸宗教対話評議会のアリンゼ長官、世界イスラーム連盟のオバイド事務総長、オーソドックス（正教）コンスタンチノープルのバーソロミュー総主教、ユダヤ教のチーフラビ・デビット・ローゼン国際対話部長等が応援したのでしたが、彼らは国際的な宗教間対話の牽引者です。また彼らは比叡山宗教サミットにも参加、情報交換なども行っています。

宗教サミットは、もちろん共に祈り、代表者の話を聞く場でもありますが、テーマにない喫緊の問題について水面下で意見交換する場でもあります。表面的には分からない重要な役割も少なくありません。当然、日本の宗教者もボスニア和平には貢献させていただいたことも申し述べておきたいと思います。

一方、比叡山上には、世界のコインで鋳造された「平和の鐘」が寄贈され、平和のために打ち鳴らされることになりました。ちなみにその第一号は国連本部の庭園に寄贈されています。

三十周年比叡山宗教サミットを振り返って

三十周年のテーマ

さて比叡山宗教サミット三十周年のテーマは「今こそ平和のために協調を～分断と憎悪を乗り越えて～」です。さらにシンポジウムのテーマに「暴力的過激主義に宗教者はどう立ち向かうか」があげられ、テロと宗教の問題を解明していこうというものです。核の問題も兵器のみならず平和利用も含めて、根本的に考え直す必要があることを認識せざるをえないでしょう。

世界は今、国際協調の時代から自国中心主義への誘惑がうごめく時代へと変わりつつあります。国内の格差が国際協調のしわよせであるかのような短絡的な言説まで飛び交っています。このような時代では、自分たちと異質なものを見つけて敵に祭り上げ、打倒をはかることで自分たちの支持者を増やそうとする手法がとられがちです。宗教者はこのような流れや安易なポピュリズムにけっして与してはいけません。そのために警鐘を鳴らす宗教サミットになればよいと思います。

鎮魂の祈り

さらに今回は平和の祈りとは別に、新たに鎮魂の祈りの場を設けました。戦争犠牲者はもちろん、交通事故をはじめとする事故死、さらには自然災害による被災死の方々がいちだんと増加しています。自然災害には、人間の営みがその被害を大きくしているものも少なくありません。平和を願い、真摯に祈る一方で、心ならずも命を失わざるをえなかった人々に鎮魂と感謝の祈りを捧げることこそ、忘れてはならないことでしょう。

ある宗教紙に「存廃の分岐点に立つ宗教サミットは今後どうなるか」という批判が載っていました。宗教間対話の歴史がはじまってまだ五十年、宗教の悠久なる歴史からいえば、ほんとうに入口に立ったばかりです。さらに地球規模で常に新しい難問が惹起する時代に、それらに目をふさぐ宗教はないでしょう。今後ますます宗教間対話と協力が要請されていくに違いありません。日本宗教代表者会議の常任や、運営合同会議の様子を見るかぎり、宗教サミットが存廃の分岐点に立たされているなどと認識した人はほとんどいないでしょう。しかし時代の問題点を敏感にとらえ、それをより人々に寄り添う形で解決する方法へつなぐことができるか、これは宗教者の力量の問題であり、常に問われているという覚悟が必要です。

比叡山宗教サミットの種類

ご高承のとおり、比叡山宗教サミットは、宗教間対話と実践に関するオピニオン・リーダー的存在でもあります。ここに集う宗教指導者たちが世界の動向に共通認識を持つ機会とすると共に、みずからの体験にねざして述べた指針は、参加した宗教者たちに大きな示唆を与えてきました。そしてそれぞれの教団で実践に移されたことも少なくありません。あるいは参加団体に呼びかけ、共同で実践する場合もあります。このように宗教協力の輪が、しだいに内外に広がっていくことが望ましいことではないでしょうか。

なお、比叡山宗教サミット五周年、十五周年、二十五周年には、それぞれ諸宗教による実行委員会（日本宗教代表者会議）を組織して、平和の祈りの集いとシンポジウムを開催しました。また、それ以外の年は、天台宗が主催となりながらも国内の全宗教者に呼びかけ、平和の祈りを中心とした集会を続け、アッシジ精神の継承に努めてきました。

したがって、関係者以外理解しにくいことでしょうが、一口に比叡山宗教サミットといっても、その主催団体の形態によって規模や内容に、初回・十周年・三十周年と五周年・十五周年・二十五周年と、その他の通常年の三種類あることも理解いただきたいと思います。これは宗教サミットをできるだけ長く続けるための智慧でもあるのです。

平和の祈り1

ボスニア・コミュニティー・ガーデン

比叡山宗教サミット二十周年記念「世界宗教者平和の祈りの集い」には、ボスニアのコミュニティー・ガーデンで暮らす子どもたちを招きました。

かつてチトー大統領が建国した、旧ユーゴ連邦には、ボスニア・スロベニア・クロアチア・セルビア・マケドニア・モンテネグロが属していました。特に、ボスニアにはイスラームのモスレム人、セルビア正教徒のセルビア人、カトリック教徒のクロアチア人と、三つの民族と宗教が共存していました。

ところが、東西の冷戦が終焉したとたん、チトー亡き後、モスレム人は連邦からの独立を求め、セルビア人はセルビア人共和国を創ろうとして、一九九二年ついにボスニアで戦争が起こりました。この戦争は「民族や宗教が違うからだ」ととらえられていますが、実際は政治家たちが「やらなければ、やられる」という恐怖を煽りだしたからだと指摘されています。そして自分たちの地域から他の民族を排除する「民族浄化」が進み、二十五万人以上の死者と二百万人以上の難民が生じました。

一九九五年に、国際社会の調停や宗教指導者たちの努力によって戦争は終結しましたが、ボスニア・ヘルツェゴビナは一つの国境の中に二つの国を抱えるという複雑な形の国になりました。

「コミュニティー・ガーデン」は「民族の違うひとたちが、安心して交流できる場を創る」等を目的に、アメリカの援助団体が設立した共同農園です。ここでは、かつて憎しみ合ったモスレム人もセルビア人も、クロアチア人も一緒に仲良く働いています。ガーデンで暮らす少女は「みんなが友達になって、国や民族が違う人たちとも、自分と意見がちがう人たちとも、一緒に楽しいことを、たくさんすればいいいんだ」と語りました。

彼女らの存在は、今も世界の各地で紛争がやまない状況に対して、私たちに一条の光明を与えてくれるものです。

「コミュニティー・ガーデンで暮らす子どもたちの「平和の種をまくことば」は大きな希望です。

平和の祈り2

世界平和の鐘

二〇〇七年八月四日、比叡山上で「世界平和の鐘」が打ち鳴らされました。この鐘は比叡山宗教サミット二十周年を記念して、ワールドピースベルアソシエーション本部より宗教間の垣根を越えて、この二十年間平和を祈り続けてきた日本の宗教者に対して贈られたものです。

「世界平和の鐘」とは太平洋戦争直後、戦争の悲惨さ、核廃絶、世界平和を訴えるため「人間の心に響く切実なものを贈りたい」と故中川千代治氏（元日本国連協会会長）が発願したものであります。そして一九五四年、世界が融和することを願い、当時の国連加盟国六十五ヶ国のコインやメダルを溶かして「世界平和の鐘」を鋳造し、ニューヨークの国連本部に寄贈しました。

国連本部では毎年九月二十一日「国連平和デー」に国連事務総長によって鐘が打ち鳴

らされております。

このたび寄贈された「世界平和の鐘」は国連本部の鐘と姉妹の鐘であり、比叡山上に新築された鐘楼堂に設置されました。そして八月四日除幕式が執行され、午後三時三十分、世界の宗教代表者や、戦争で肉親を失い心に深い傷を負った子どもたちの代表によって打ち初めが行われました。

平和の鐘の音を合図に比叡山全山の鐘が鳴らされ、同時に日本最北端の稚内市の鐘、最南端の石垣市の鐘が鳴らされ、さらに日本各地の寺院、教会の鐘が平和の祈りの願いを込めて鳴らされました。

鐘の音は、国境、民族を越えて人々の心を鎮め、平和への希望を呼び起こすものであります。鋳造の方法によっては武器ともなりうる金属が平和の鐘となるように、世界の人々の心も憎悪を乗り越えて、寛容の心になり、世界が平和へ向かう日が一日も早いことを祈るものであります。

アッシジから比叡山へ

——宗教対話三十年の歴史と展望

杉谷義純
アルベルト・クアトルッチ
（聖エジディオ共同体事務総長）

杉谷　たいへんお疲れのところ、クアトルッチ先生には対談のご快諾をいただきありがとうございます。

クアトルッチ　疲れていますけれども、お誘いをいただいてとてもうれしいです。

杉谷　比叡山宗教サミット三十周年の記念式典では、とてもすばらしいスピーチをありがとうございました。本日は、これまでの我々の宗教協力、宗教対話の三十年を回想しながら、将来、未来の展望について話し合いたいと思います。

クアトルッチ　今回のこの機会をいただいてほんとうにうれしく思います。杉谷先生や日本宗教界、また天台宗との関係というのは、私たち聖エジディオにとってとても御縁が深く、とても大事なものです。

特に、ここ数年はひんぱんにお会いする機会に恵まれました。昨年（二〇一六）八月には、第二十九回の比叡山宗教サミットで、またその直後九月には、アッシジで行われた第三十回世界宗教者の祈りの集いでお会いしました。この時には、フランシスコローマ教皇にもお会いされたのでしたね。そして十月にも、今年（二〇一七）に入ってからは五月にもお会いし、そして今回です。これは友情というよりも、兄弟とか家族という親しい関係のように思います。

今回の式典スピーチでもお話しましたが、対話とは、人と人との間で行われるものです。杉谷先生と長年の間に培われた友情に基づいて対話できることをたいへんうれしく思います。

宗教協力の苦労

司会　それでは、お願いいたします。

三十年にわたる異なった宗教同士の対話の歴史は、皆さまの努力で対外的にはひじょうにスムーズに運ばれてきたという印象を受けますが、実際には、かなりご苦労をされたのではないでしょうか。宗教協力がはじまったときから今日まで、特にご苦労なされたのはどういうことだったのでしょうか。

クアトルッチ　まず、困難とは何かということです。困難は『問題』ともいいかえることができると思います。私たちの世界は、暴力や、対立、また貧困等々の問題を抱えています。三十年前の世界よりも、今の私たちの世界の方がはるかに暴力に満ちています。難民や移民の問題をとっても、世界は三十年前より悪くなっているように感じます。私たちは今、大きな困難に直面していると思います。

そのような困難ななかでの対話の持つ意味を考えるときに、同じテーブルに着いてお互いに微笑み合って平和的に一緒にいるだけなら、今の世界のなかにとってはたして意味があるのかということも考えます。

私たちはなぜ今対話をするのか？　それは、私たちの利益のためではありません。そうではなく、世界を変え、世界を癒すためなのです。そのためには対話をする以外に道はないのです。

司会　杉谷先生にお尋ねします。

三十年前にこの宗教対話に踏み切るときに、ときの山田恵諦天台座主は「天台宗は、このような世界平和というような大きな問題にかつて取り組んでこなかった」というふうにおっしゃいました。日本宗教界、天台宗は保守的な方でしょう。キリスト教やイスラームという異なった宗教との宗教協力に踏み切ることについて、皆もろてを挙げて賛成だったのでしょうか。

杉谷　いつの時代でも、どこの国にも先駆者という方がおられます。日本の宗教者のなかにも、「宗教協力をして平和のために行動しよう」という方々はおられました。天台宗では宗教協力を進めていくかどうか、賛成か反対かというよりも、そういう分野に対しては無関心で、考えが及ばなかった人が多かったですね。無関心でよく意味がわからない人たちを説得するのに、ある程度時間がかかることはやむをえませんでした。

バチカンも「第二回バチカン公会議」で決定をしたことが大きいでしょう。トップのローマ教皇聖下、それから枢機卿の方も多くが賛成して方針を決めて進めました。そのことで、たいへん力強く宗教対話というのが進んだのです。

ところが、日本宗教界は、トップの人たちがまだそういうことをじゅうぶんに理解をしていたとはいいがたい時代でした。そんな時代に、天台宗としては山田座主が決断して宗教協力の道を進まれたというのは、ひじょうに大きいことだったと思います。

日本人ならば、日本の伝統やしきたりに対しては、特に説明されなくても共通性があります。しかし、宗教間の関係では、伝統宗教と新宗教との間には隔たりというか溝がかなりあったのです。

　伝統宗教は新宗教をなかなか素直に受け入れにくいという土壌がありました。そのなかで新旧を超えて、宗教界が共に行動する必要性に迫られたとき、天台宗がはたした役割はひじょうに大きかったと思います。

「天台宗は度量が広く大きい」とはとてもいえませんが、伝統的には天台の教えはひじょうに幅が広くて大きく、いろんな人を受け入れてきました。比叡山からは、法然、親鸞、栄西、道元、日蓮など現代日本のバックボーンとなっている各鎌倉仏教の祖師方のほとんどを排出しており、「比叡山は日本仏教の母山」と呼ばれております。そういう基礎があればこそ、宗教協力では天台宗がイニシアティブをとるのにふさわしいと皆が認めてくれたのではないでしょうか。

杉谷義純（©天台宗）

　とはいうものの、三十年前は事務レベルではかなり激しい議論が行われました。たとえば第一回の宗教サミットを開催するにあたって、イニシアティブはどの教団、どの団体が取るのかというようなことです。それは権力争いというようなものではなく、各人、各教団には、「我こそは、日本における宗教対話の草分けである」という自負があったからです。

激論によって、そういう対立を乗り越えたからこそ、第一回のサミット開催にこぎ着けることができました。

対話というのはやさしく相手の心を引き出すやり方も大事です。思いのたけをぶつけ合い、のちにお互いが納得するということも重要です。それが事務レベルでできたということは、すばらしいことでした。

さて三十年前のアッシジでの平和の祈りについては「シンクレティズムではないか」とかいう批判が一部に出ました。そういう批判を乗り越えるのに関係者の方はご苦労されたのではないかと思うのですが。

クアトルッチ　おっしゃるとおり、カトリックの中でもたくさんの困難がありました。私は三回の大きな困難があったと思っています。

まず一回目は、一九八六年一月二十五日のことです。ヨハネ・パウロ二世ローマ教皇が祈りの集いを開催すると発表されました。その瞬間から大混乱が起きました。バチカンの枢機卿が「そんなことをしたら自分たちの信仰が薄れてしまうではないか。失われてしまうではないか」と猛反発したのです。

二回目は、一九八六年十月二十七日のことでした。アッシジの祈りの集いの最初の日です。私はボランティアとして参加をしていました。そのときにアリンゼ・ローマ教皇庁の諸宗教対話省長官は「教皇聖下は、このことを一回で終わらせるんじゃなくて、継続していきたいという強い意志をお持ちだ」と私に打ち明けられたのです。けれども、祈りの集いを続けることには、多くの枢機卿をはじめバチカンの要職者たちが反対していました。

それはなぜかというと、確かに第一回目の祈りの集いは大成功でした。それは初回だからで、二回目は失敗するかもしれない、そうしたらひじょうに大きなダメージをこうむってしまう。だから一回目の成功を、写真のように美しく大事なものとしてキープしておくだけでじゅうぶんだ、二回目を行ってリスクを負う必要はないという理由からです。

私は第一回の祈りの集いが終わった後に教皇聖下にお会いして「対話の道を歩いていく」という意思を確認しました。ですけれども、フランシスコ会すらも継続することに反対だったのです。

私としてはフランシスコ会が反対をしていても、聖エジディオ共同体としては教皇のご意思のままにやりたいと思っていました。けれども、反対の声ばかりだったので、このままではじめられません。それでアッシジの集いが終わって数ヶ月後に、私は教皇聖下に「私たちは教皇聖下が『やれ』と命令されたら何でもいたします。ただ、ひとこと『やれ』とお命じください」とお願いしました。

そうしたらヨハネ・パウロ二世聖下は「各宗教が共に祈ることは、とても大事なことです。聖エジディオ共同体の皆さま、ぜひやってほしい」と直接の御下命をいただきました。それで継続することになったのです。

三つ目の困難は、一九八九年にポーランドで平和の祈りを行ったときのことです。山田恵諦猊下も参加されていました。

そのときに開会式の後にアウシュヴィッツとビルケナウの収容所を訪問し、犠牲者を追悼して平和行進をしました。異なった宗教者が共にこの平和行進を行おうというときに、ユダヤ教の人たちが「他の宗教の人たちと一緒に行進したくない。特にムスリムの人たちとはしたくない」と主張したのです。ムスリムの人たちは「ユダヤ人がアウシュヴィッツで六百万人殺されたというのはプロパガンダで、事実じゃない」と主張していたからです。当時は、平和の祈りに参加した宗教者同士ですらお互いの宗教観に大きな偏見があって、一緒に行進することすらも拒否するというありさまでした。今では考えられないようなことです。

杉谷　比叡山宗教サミットでも、いろいろありました。比叡山は山ですから天気は安定していません。祈りの会場は野外です。それで、雨が降りそうになってきたので、そのときには比叡山のお堂の中でやりましょうと気楽に提案したら、「他宗教のお堂には入らない」と拒否されました。しかたないので雨でも嵐でも野外でそのままやろうと決意したことを思い出します。さいわいに雨は式典の前に降ってくれたので助かりましたが。ともあれ、そういう時代でした。

クアトルッチ　そうした宗教の違いは、私たちもケアしなくてはいけないことだと思っています。たとえばムスリムの人たちは豚肉を食べなかったり、アルコールを飲まなかったり、自分たちと違うところがありますけれども、これはもうお互いに尊敬していかなくてはいけないことだと思っています。

協調の根本理念

司会　根本的なことを一つお聞きします。クリスチャンであれば、クリスチャンの信仰だけを守っていけばよいのではないか、自分の宗教を深める方が大事だという意見も聞きます。自分たちとは違う宗教と共に祈り、協調し協力していく、その根本理念はどこにあるのでしょうか。また、その役割をどうして聖エジディオ共同体が担われたのかもお聞きします。

クアトルッチ　聖エジディオ共同体は、最初から、異なった宗教との対話を大切にしてきました。それは、クリスチャンというのは閉じた存在であってはいけない、開かれたキリスト教徒でなければいけないと教えられているからです。その教えを実践することがキリスト教徒としての役目だと思っているからです。

また、キリスト教徒である前に私たちは人間です。人間は共にこの世界を共有しています。シェアしています。私はたまたまキリスト教徒に生まれました。杉谷先生はたまたま仏教徒に生まれました。でも、もしかしたら同じ宗教に生まれることがこの先あるかもしれません。大事なのはどの宗教に生まれたかではなくて、いかによき仏教徒になるか、いかによきキリスト教徒になっていくかということです。そのためには、互いに理解を深めることが一番大事だと思っています。

聖エジディオ共同体の中なら対話する必要はありません。天台宗の個々のお寺も対話をしなくたって存続できます。私たちが対話をするのは、世界に奉仕するためなのです。

今、私は六十五歳ですが、対話をはじめて「対話だけが世界を救うことができる、困っている人たちを救うことができる」という確信を年々強くしています。貧困にある人、

アルベルト・クアトルッチ師
（©天台宗）

それから暴力や紛争の犠牲になった人、こうした本当に困っている人を救えるのは、政治や経済ではない。対話を通した正義と平和だけだと思います。私たちの対話は聖エジディオ共同体や私たちのためにやっているわけではありません。

どうして聖エジディオ共同体が名乗りを上げたかという本当の理由は、正直言ってわかりません。カトリックの中にはとてもすばらしい団体があります。たとえば、バチカン公会議を開いたヨハネ二十三世の名前を冠した共同体があって、貧しい人たちのためにすばらしい活動をされています。そのようにすばらしい団体はありますが、なぜほかの団体じゃなくてエジディオだったのか。

一つの仮説として、こんなことを思います。団体と団体が対話することはできません。対話は、人と人の間でしか成り立ちません。ヨハネ・パウロ二世教皇も、山田恵諦座主も、ひとりの人として対話をされていました。庭野日敬師もです。リカルディ聖エジディオ共同体創設者もです。彼らは批判されることも、困難なこともたくさんあったと思いますけれども、人格と人格が出会って、人と人としての対話を繰り広げました。お互いに文化や考えは違いますが、共通していたのは「自分のことよりも他人を大事にする」ということでした。そういう人たちの出会いがありました。そのことが友情や対話を生み出していったのではないでしょうか。

聖エジディオ共同体がなぜはじめたかというのは今わかりませんけれども、これは将来、天国でわかるでしょう。同じようになぜ比叡山で毎年サミットが続けられているのかというのも、天の方に理由があるのではないかと思います。毎年継続して、一年も欠かさず諸宗教の対話、祈りの集会をしている所はどこにもありません。たとえば三年に一回とか、時々あるとか、そういうところはあるでしょう。でも、毎年一回必ず実施しているのは比叡山以外にありません。これはカトリックでも同じです。ヨハネ・パウロ二世教皇やベネディクト十六世教皇をはじめ、歴代教皇は諸宗教対話をされてきました。けれども、特別な機会のときに限られています。自分たちの人生、自分たちの生活の一部として毎年継続してやってきたのは比叡山と聖エジディオ共同体だけです。

平和の祈りのリレー

杉谷　先ほどお話しがあった、よき宗教者、よきクリスチャン、よき仏教徒についてひとこと申したいと思います。

「よき信仰を持つ人というのは、信仰に純粋であるがゆえにほかの宗教を認めないというのが正しい信仰を持つ者である」。そう理解されていたひじょうに長い時代がありました。そのために逆に他者を受け入れない、一面ではとても不幸なことをずっとつくり続けてきた歴史があります。そのために、それを乗り越えていくには、ひじょうに批判を受けたりしました。「比叡山は何でもいいのか」というような批判もありました。しかしながら、時代と共に人々の求めていることは何かということに気づかせていただいた、そういう幸せもありました。

さて、ここで話は一九八六年一月に戻ります。その日、私はたいへんびっくり仰天しました。

といいますのは、私どもは日本で諸宗教による平和の祈りの計画をしており、「世界宗教史上はじめての画期的な祈りの会をしよう」と準備を進めていたのです。そのとき、ローマ教皇ヨハネ・パウロ二世聖下が「国連の平和年にちなんでアッシジで平和の祈りを行う」と発表をされたからです。

さあ、我々はどうしようか、と協議した結果、これは宗教者が「うちが先だ」「バチカンが先だ」とか先を争うのではなく、アッシジで開かれた精神で行われたその祈りの集いの精神を受けて日本で、翌年それをやろうということに決定をしました。「ほんとうは我々のほうが準備は先だった」というようなことをいわないことにしようと決めたのです。

まあ、今になって正直に申しますと、やっぱりバチカンが先というのは残念でした。しかし、よく考えてみるとバチカンのアッシジにおける祈り、それを世界に広げることが大事なことです。比叡山宗教サミットも、このような「祈りの集い」が世界のあらゆるところで繰り返し繰り返し行われることが世界平和につながるというメッセージですから。

実をいうと、山田座主がアッシジに行かれた時に私も同行しており、「『アッシジの精神を引き継いだ比叡山宗教サミットを来年やります』という発表をどこでするか」と考えていたのです。その気持ちが通じたのか、バチカンの代表者とクリスチャン以外の宗教者の会合のなかで山田座主に、「キリスト教以外の諸宗教を代表して、スピーチを」と指名をいただきました。実にありがたいおはからいだと思います。

クアトルッチ　先ほどなぜエジディオが名のりを挙げたのかという質問をいただきましたが、今の杉谷先生の今のお話でピンときました。これは明らかに神仏から託されたものです。神仏から来ているミステリーの妙だと今確信を持ちました。

仏教でいう「非常に大きなところからのスピリット」を得て、私たちは生かされていると思います。

杉谷　私もそのことをつくづく感じます。我々が比叡山サミットを前から準備していなかったら、十月のアッシジを受けて、翌年八月にはとうてい比叡山での集会はできなかったでしょう。二年後や三年後に比叡山が遅れて開催ということでしたら、東西精神を引き継いで歩調を合わせて歩み続けるということも難しかった。だから、私も何か神仏のはからいがあったんじゃないかと思います。

印象に残った出来事

司会　今まで三十年の間でいちばん印象に残った出来事というのは何でしょうか。それぞれお伺いいたします。

クアトルッチ　印象に残った場面は二つあります。一つは、一九八九年第三回目の祈りの集会のことです。一九八七年と八八年、第一回目と二回目のエジディオの祈りの集いはローマで行いました。でも、八九年にははじめてイタリアの外で、ポーランドのワルシャワで祈りの集いを開催しました。一九八九年というのは第二次世界大戦がはじまって五十年の年でした。ナチスが平和のまちを侵攻しはじめた年から五十年という年です。人々のなかではまだ第二次世界大戦の記憶も生々しくて、多くの人が涙を流して参加をされていました。この様子を思い出すと今でも感動を覚えます。

二つ目は一九九六年。第一回目のアッシジの集いから十周年のときです。これは対話の意義を教えてくれました。一九九一年にはじまったアルジェリア政府軍と十二のセクトに分かれたイスラム主義の反政府軍とのアルジェリア紛争です。内線は政府軍の勝利によって効果的に終わり、二〇〇二年にはイスラム救国軍が降伏し、イスラム武力勢力の敗北で終わった紛争です。

このアルジェリア紛争に、聖エジディオ共同体は「何かしら和平交渉に貢献できることはないか」ということを模索しておりました。そして聖エジディオ共同体のなかに「避難してきたムスリムの人たちが暮らす家」という施設を設けたのです。政府軍などは「おまえたちはキリスト教徒なのにムスリムを攻撃しないのか、ムスリムに反対しないのか、どうしてムスリムを受け入れるのか」と猛烈に非難しました。そのとき我々は「対話というのは友との対話もあるけれども、敵との対話も私たちはやっていくのだ」と彼らに宣言したのです。

そのことがきっかけとなり、ムスリムの人たちとの和解というか、戦争が終結に至る具体的な対話の手がかりをつかんだと思います。対話によって具体的な、本当の平和をもたらすことができるんだという最初の確信を得たのはこのときでした。文化的なサロンとか神学的な対話ということもあると思うんですけれども、それよりもより重要なのは、専門家や言葉だけの対話ではなくて、私たち自身が具体的な平和をもたらす人になるための対話だと思います。

杉谷　比叡山の祈りの中で印象に残ったこととして、やはり二つ挙げましょう。

その一つは、比叡山から世界平和を発信することがどれぐらいの人々に受け止めていただけるかという心配がありました。そうしたら比叡山宗教サミットの成功を祈って、カトリックのフォコラーレという少年少女のグループが世界中の仲間に呼びかけ、十五万名もの子供たちの署名を集めて持ってきてくれたことです。これにはほんとうに感激しました。

もう一つは、宗教サミット二十周年（二〇〇七年）のときにボスニア紛争の孤児たちを招いたのですが、そのとき少女が平和と題して描いてくれた絵があります。それは教会とモスクとシナゴーグ（ユダヤ教の寺）を橋でつないだ絵です。キリスト教、イスラーム、ユダヤ教が仲良くすれば平和になるというメッセージです。ボスニア紛争は、民族対立がそれぞれ信じる宗教が異なるためやがて宗教対立となり、激化していきました。心ある宗教者が命がけで宗教間対話に乗り出しましたが、まさに宗教者は少女の絵にあるような努力が常に必要です。

昔は今のような複雑な対立やら問題はあまりありませんでした。しかしながら、自由がひじょうに大きな力によって抑えられていました。そのなかでの生活の安定があったのです。そういう時代にはほんとうに人間らしさが得られなかったんじゃないでしょうか。けれども今、我々は人間らしさを得た途端にその人間らしさをはき違えて自由きままにいろいろなことをするために、トラブルが発生しています。それはまた新しいものを生み出す苦しみのさなかになるのかなというような印象を持ちました。

敵は「抑圧」から「格差」へ

クアトルッチ　先生の今のお話を伺って、まさにそのとおりだなと思います。三十年前の私たちの敵というのは「抑圧」だったと思います。でも、今の敵は「格差」です。私たちも敵が変わっていくにつれて対話も言葉を変えていかなくてはいけないのではないかと思います。

今回の開会式にはじまってシンポジウムまで、ひじょうに重要な会合だったと思います。というのは、対話のための対話ではなくて、実際にお互いに働く、ワークするために対話があるのだという転換点を迎えた会合であったと思うからです。

杉谷　十年ぐらい前だと、教学的なことをとうとうと述べて、それで終わりでした。それが今回のシンポジウム等では、お互いの違いや共通性を認識しながらそれをもとに対話をすることで一致してきました。対話の重要性を皆が認識して、何かやらなきゃいけないというところまで進んできたのです。そこはかなりお互いに努力してきたと思います。

クアトルッチ　杉谷先生のおっしゃるとおりで、お互いに知り合う、理解し合うという対話の時代は終わったと思います。

今はインターネットで何でも知ることができます。十秒後には世界で起きたことを知ることができます。だから、私たちはその問題を知らなかったというといいわけはできません。隣の人のためにも、また世界のどんなに遠くにいる人のためにも、お互いに協力することができる時代になっていると思います。これはフランシスコ教皇がおっしゃっていることでもあります。

対話というのは理念でもなく、理想郷で行われているものでもなく、現実の世界のなかで人と人との間に行われるものです。これが今後どうなっていくのかと、そう考えたときに、次の世代の人たちにこのことをいかに伝えていくかがひじょうに重要です。私たちの世代だけのことではなくこれからの歴史をつくる観点からも重要なことだと思います。

杉谷　まったくその通りですが、油断をすると対話の窓口を閉じて、自分の道を歩んだ方が楽だという誘惑に駆られるときがあります。しかし常に対話こそ、そこから多くを学び自分を高めていくことになることを忘れずに続けていく。そこに共に生きる喜びがあることを忘れないようにしたいと思います。

司会　お二人ともありがとうございました。三十年来の宗教対話の友人のお話から新しい展望が見えてきたように思われます。

宗教間対話の可能性と平和貢献

現代人の祈りは弱まったか

祈りの心を失った現代社会

「現代人の祈りは弱まったか」ということを考えるとき、現代人の宗教離れの問題があります。

この傾向は、近年先進国では著しいとされています。そして最近の若者で、両親はキリスト教徒だが自分は無宗教であるとか、我が家の宗教は仏教だが私個人は特定の宗教を信じていない、などと表現する人が少なくありません。ところが、彼らは何か壁にぶつかって行き詰まると、ひそかに神仏に祈ったりします。こういうのを皮肉を込めて「苦しい時の神頼み」などといっております。普段信仰について何も考えたりしないのに、困ったことが起こると功利的に、御都合主義で神の助けを求めたりするのです。しかしこの場合の祈りは、けっして深い信仰から出たものとは言いがたいものの、宗教的行為であるともいえるでしょう。

現代人が自分は無宗教だという場合、次のような傾向があると思います。一つは宗教そのものは完全に否定していないものの、教会や仏教寺院が持っている伝統的な制度や習慣に違和感を覚え、宗教から距離を置いている者です。もう一つは徹底した合理主義者で、科学的に実証できないことは信じない者です。確かに伝統的な教団などでは、長い歴史の中でその宗教の本質とは直接関係のない因習や権威主義が入り込み、改革がじゅうぶんでない場合が少なくありません。そのことが人々を宗教批判に走らせているという事実があります。宗教側の自己反省と対策が厳しく求められるところであります。

一方近代合理主義精神は、科学技術の驚異的発展の影響のもとに、科学で実証できない観念的世界観を否定し、宗教離れを加速させています。新しい無神論者が増加しているのです。かつては自然災害の発生や疫病の流行に対して、人類はその予測や対処する科学や医療の技術がなく、またその原因についても当時の人々の知識を超えるものでした。したがって災害や疫病を神仏の怒りと捉え、その怒りを鎮めるためにただ祈るしか方法がなかった時代もありました。

しかし現代社会は、宇宙の誕生から自然災害のメカニズム、病原菌について科学が解明したり、未解明の分野の予測も可能となりました。その結果、祈りの対象が狭められただけでなく、過剰な科学崇拝が急速に広がりつつあるのです。そうして人間の目は外部に多くが注がれ、人間が人間らしく生きるために必要な、心の内面に目を向け祈ることの大切さが軽んじられるようになりました。

慈悲の精神が三毒を克服する

仏教では、人間の中に貪《とん》、瞋《しん》、癡《ち》の三つの毒と呼ばれる欲望があることを指摘しています。第一の貪とは、むさぼりのことです。釈尊は人間の所有欲のすさまじさは「例え金貨の雨を降らしてもやむところがない」と表現しているほどです。次に瞋とは怒りや妬みのことです。第三の癡とは無知をさします。世の中の道理をわきまえなかったり、相手の立場に対して配慮に欠けることをいいます。これらの三毒は平和や社会生活の安寧を害するものとして仏教では厳しく戒めています。事実この三毒は人類の歴史を見ると、多くの誤りを犯す原因となっていることがわかると思います。

たとえば大航海時代のヨーロッパの人々による新大陸の発見です。これは一面から見れば航海技術の発展による快挙でした。しかし発見したはずの新大陸には、すでに先住民族が独自の文明を築いて生活をしていました。そこでヨーロッパ文明は圧倒的な力で、土着の民族をその文明もろとも放逐し、正義の名のもとに新しい国を打ち建てました。しかし、その正義とは、自己中心の貪、瞋、癡の三毒によって支えられていたといっても過言ではありません。新天地を開拓して、自分たちの所有にしたい欲、先住民族の抵抗によって仲間が殺されたことに対する怒り、先住民族の文化が野蛮で抹殺することに疑問を持たない無知がそれです。そして人権を脅かされている少数民族の悲劇は、世界各地で今日まで続いております。

もちろん日本においても先住民族を圧迫した歴史はあります。このような人類の力の正義による圧迫は、今日でも起こっています。先のアメリカによるイラク攻撃がそうです。攻撃の理由が、イラクの大量破壊兵器の所有でした。しかし実際にはその兵器はイラクに存在しませんでした。アメリカの掲げた正義は、グローバルな社会基準といいながら、適当な口実を設けて自分たちの欲望を満たしたり、自国の文化を押し付けることにあったように思われます。貪、瞋、癡の三毒に汚されていたのではないでしょうか。ちなみにこの時はアメリカの呼びかけにイギリスやフランスは応じませんでした。

無神論や合理主義が声高に叫ばれる現代において、人類は実に多くの深刻な課題に直面しています。平和、人権、環境、経済格差、人口、食糧、水資源などがあげられますが、これらが惹起されてくる原因として、やはり人間の心に内在する三毒の問題があります。三毒をなくすことは生身の人間では不可能かもしれません。しかし心のなかに閉じ込めて弱める努力をしない限り人類にとって課題の克服は不可能でありましょう。

そのために仏教では慈悲の実践を説いています。日本仏教の母山と呼ばれる比叡山に天台宗を開いた最澄上人は「己を忘れて他を利するは慈悲の極みなり」という言葉を残しています。すなわち完全に相手の立場に立って、相手のためになる行動をとるということです。この最澄上人の言葉は、ヨハネ・パウロ二世教皇が一九八一年来日した折、宗教対話を推進するためにもっとも大切な精神であると、スピーチに引用した言葉でもあります。この慈悲の精神の実践には、三毒を中心とする我欲に打ち勝とうという、真摯な祈りがなければとうてい可能なことになりません。

いまこそ祈りの時代

さて、私はかつて国連で開催された核不拡散条約（NPT）再検討会議に出席、NGOの代表に選ばれ、各国政府代表に提言する機会を得ました。そして私は唯一人の宗教代表として次のことを訴えました。核兵器はたんにその破壊力が大きいという相対的評価で禁止するというのではなく、この世に存在が許されない絶対的悪であるという認識に立って廃絶をめざさなければならないこと。広島、長崎で被爆した人々は、奇跡的に死を免れたとしても、七十年経た今日でも原爆症に悩まされ、死の危険にさらされていること。さらに今日まで健康そうに見えても、いつ原爆症が発症するかわからない恐怖と共に生きていること、などです。核兵器はまさに三毒に基づく産物に他なりません。

さいわいNPT再検討会議は十年振りに合意文書が採択され、わずかながら核軍縮への歩みが進められました。一方オバマ前米国大統領は、核を使用した唯一の国として、核廃絶に努力する道義的責任があることを表明したことは歓迎すべきことでした。

しかしながらアメリカでは、多くの人々が原爆投下は戦争終結のための正しい行為であったとの認識を持ち、オバマ大統領の広島訪問に反対する人々が少なくありませんでした。原爆投下の謝罪につながる恐れがあるからというのです。にもかかわらずオバマ大統領は二〇一六年五月、ついに米国大統領として初めて広島訪問を果たし慰霊碑に花を捧げ祈りました。あの姿を覚えている人は少なくないでしょう。その慰霊碑には「安らかに眠って下さい。誤ちは繰返しませぬから」と刻まれています。この意味は、原爆の投下を恨んだり、謝罪を求めたりするのではなく、被爆という自分たちが受けた苦しみを、同じ人類が二度と味わってはならない、というものです。けっして米国を批難しようとするものではありません。これこそ被爆者の願いであり、祈りなのであります。

核廃絶はなかなか進みませんが昨年（二〇一七）、国連総会でついに核兵器禁止条約が採択されました。もちろんこの条約が批准され効力をもつにはそうとう年月がかかるでしょう。しかし推進してきた団体ＩＣＡＮがノーベル平和賞を受賞したことは、大いに世論喚起となると思います。

人類は科学技術の発達によって、多くの恵みを得ることができました。そしてその恩恵はこれからも拡大するかもしれません。その一方で心のコントロールが効かない分、負の遺産も増大しています。その中に取り返しのつかない誤ちも少なくありません。その誤ちを反省し、再び繰り返さないためには、私たちは常に他者に対する目配りが必要であります。そして容易に心のコントロールを失いやすい弱さを持つ人間として、その至らなさに対し神仏に謙虚に祈ることが大切です。科学技術によって大きな力を得た今日の人間にとって、よりいっそう祈りを深めることが必要な時代ではないでしょうか。祈りが弱まるのに比例して、人類の課題の真の解決が遠のくことを知るべきでしょう。

アジアにおける開発とヒューマニズムの間で宗教に問われているもの

アジアは現在あらゆる面で注目されるべき地域であります。まず人口についていえば、四十一億六千六百万人と、世界の総人口の六十パーセントに相当します。さらに生産高は、世界経済の五十パーセントに迫ろうとして、急成長を遂げつつあります。そのうえ世界の人口五百万人以上の巨大都市四十九のうち、二十一都市がアジアに存在していることを見ると、都市化も著しく進んでいることがわかります（二〇一一年時点）。

アジアの大都市、北京、上海、バンコク、クアラルンプールなどの景観は、まったく先進国の大都市と遜色がありません。林立する高層ビル街、街角にはスターバックスやマクドナルドがあり、流行のファッションに身を固めた若者で溢れています。またコンビニエンスストアなど二十四時間営業の店もオープンして、眠らない都市と化しています。そしてこれらの大都市はやがて先進国の仲間入りをするであろう国家の象徴として、バラ色の未来を予見しているように思われます。しかしながらその背景には、解決しなければならない多くの問題が横たわっているのもまた事実であるといわなければなりません。

それらは、(一)人口、(二)格差、(三)教育、(四)環境、(五)紛争、(六)人権などの問題です。これらはいずれも先進国が直面し、その解決に取り組んできた問題でありますが、しばしばヒューマニズムと対立するので常に問い続けなければならない問題でもあります。しかしアジアにおいては開発が急激に進んだためにその歪も少なくありません。このまま放置しておけば先進国の過ちを繰り返すだけでなく、さらに大きな悲劇を生まざるをえないでしょう。

人口問題

まず、第一の人口問題ですが、これは人口の都市への急激な集中が起こした問題です。もちろん地球全体が都市化の傾向にありますが、一九五〇年の時点では先進国の都市人口四億人と途上国は一億人少なかったのですが、二〇一〇年には先進国の九億三千万人に対し、途上国の都市人口は二十五億六千万人と、約三倍にも達しています。その中でアジアが一番都市人口が増加している地域なのです。

もちろん都市の人口増加は市場の拡大にもつながり、消費の増大は経済発展を促します。ところがアジアの都市化は急激の余り過剰な人口増を生み、必ずしも労働力不足を補うことと連動していないのであります。なぜならば、農村で土地を所有していない貧困層、いわゆる一日一ドル以下で生活している人々は、なんとか貧困から脱したいという一念で都市をめざすのであります。すなわち都市に出れば何か仕事があるだろう、という期待感のみで都市に集まるのです。ですから彼らには一般的な仕事がなかなか見つからず、露天商、行商人、日雇い労働者など雑事的な仕事しかなく、あるいは失業者にならざるをえません。それゆえ彼らは当然まともな住宅を手に入れることなどできるはずもなく、板やトタンを拾い集めて掘建て小屋をつくり、数百、数千という世帯の単位で違法に住み着くのであります。これがいわゆるスラムといわれているものです。

スラムの子どもたちは、劣悪な条件下で労働をさせられたり、収入のないため家庭が崩壊した子どもたちは、路上生活を余儀なくされ、物乞いをして命を繋ぐことになります。もちろん住民登録もしていないので、教育を受ける機会もありません。

格差問題

次に、第二の格差問題でありますが、農村は農業の生産性が低く、農民の八十パーセントがひじょうに小さい農地しか持っていません。そのため都市部と格差が広がっています。さらに土地を所有しない農民や若者が都会に出ていくので、しばしば農村のコミュニティーの崩壊も生じています。アジアの多くの国では土地所有制度が不均衡で、大部分の農地を大地主、富裕層、大企業さらには国会議員などが所有しています。この不公正が社会的格差をつくり出し、農村の発展を阻害しているといえるでしょう。すなわちアジアの国々は、一国の中に都市と農村の格差、いわゆる南北問題というべきものを抱えているのです。

教育問題

第三の教育問題ですが、先ほどスラムの子どもたちが学校に通う機会を奪われていることを指摘しました。さらにはスラムの住民に対する職業訓練によって就職の機会を与えることも重要なことであります。

環境問題

第四の環境問題ですが、経済発展めざましいアジアでは、コスト削減をはかろうとするあまり、公害防止のための対策を軽視して、大気汚染や環境破壊を招いています。さらには開発の名のもとに森林の乱伐が行われていますが、地球温暖化防止のため、二酸化炭素の排出を削減することが、世界的な喫緊な課題であります。今やアジアの排出量は生産量に比例して世界の四十パーセントを占めるに至っています。この二酸化炭素の削減問題は、排出量の規制や省エネ対策など先進国と発展途上国との連携がなければ、解決することは困難であります。

紛争問題

第五の紛争問題ですが、アジアの各地では紛争が絶えません。その原因を多様な民族や言語、宗教に求めている人々が少なくありません。しかし本当の原因は、経済開発をめざす資源獲得のための紛争であることが少なくないのであります。たとえばフィリピンのミンダナオ島の紛争は、政府軍とモロ・イスラム解放戦線の衝突とみられ、イスラームとカトリックの対立のようですが、その根底に天然ガス争奪ということが見逃せません。紛争問題が起きれば、貧しい農民が農作業をすることができず、避難民として土地を離れざるをえず、ますます困窮の道をたどるのです。開発に名を騙った資源紛争はやがて国家間の緊張関係を作り出すことも少なくありません。

人権問題

次に第六の人権問題ですが、これは格差、教育、環境などに関するあらゆるところで生じています。もちろん人権は人類共通の権利でありますが、同時にウィーン宣言では、国、地域の特殊性及び種々の歴史的文化的宗教的背景の重要性が考慮されなければならないとしております。まさにアジアにおける人権を考えるとき、この視点を忘れてはなりません。世界人権宣言に盛られた人権思想は、西洋の個人の自由、責任という個人を主体にしています。しかしアジア地域での伝統は、共同体的発想すなわち共存を主体にしております。社会的に安定している先進国では自由を人権の中心におきますが、不安定な発展途上国では、まず秩序の安定が人々にとってもっとも大切なものになります。

調和する開発

以上のように見てくると、アジアにおける開発は急激な経済発展をもたらしたものの、人道と相反することがしばしば起きています。すなわち市場経済至上主義が、そのまま導入されているからです。あらゆるものが商品化され、効率化されて人間の価値が無視され、多様な文化が破壊されていくのです。アジアが進むべき道は、たんなる西洋化ではなく、自国に合った近代化であるはずだと思います。現在七十億の地球市民が、先進国なみの生活水準を求めるならば地球が七個必要であるといわれています。もちろん技術革新によって活路を開く道はあるでしょうが、それは根本的解決になりません。どうしても人間の意識改革が必要であります。

ブータンの例

そこで怒濤のごとく押し寄せる近代化の波に流されることなく、調和する開発をめざすブータン国のことを紹介します。ブータンはヒマラヤ山脈の東端の南斜面に、インドと中国に挟まれている小さな王国です。面積は四万六千五百平方キロメートル、人口は約六十万人で熱心な仏教徒です。国土の七十二パーセントが森林で、農耕地は八パーセント、全人口の八十パーセントが農業で生計を立てている国です。

さてブータンが近代化を迫られたのは、一九六〇年頃からです。しかし四代国王は、開発は必要であるが、それが伝統的文化や宗教及び生活様式を犠牲にすることがあってはならない、という強い信念の持主でありました。そしてその信念のもと次々とユニークな施策を行いました。そのいくつかを紹介します。

（一）登山永久禁止条例の施行

未到の七千メートル級のヒマラヤの山は世界の登山家の垂涎の的でした。そこで世界から登山家が殺到、外貨収入は入るけれども、農民がポーターに刈り出され農業に支障が出ることになり、登山中止に踏み切ったのでした。一方、その背景にはブータンの人々は雪山を神聖な霊山としていて、登山を歓迎していませんでした。農業と共に人々の信仰を守ることになったのです。

（二）暦はブータン暦とグレゴリウス暦の併用

ブータン暦（太陰暦）は農作業や祭りと密接な関係があり、農業国としては必須であります。一方、諸外国との交流のための太陽暦であるグレゴリウス歴を併用しています。

（三）薬草が豊富なのでそれを利用して、医療に西洋医学と伝統的な漢方いわゆる薬草医学を併用し、アレルギー対策に成果をあげています。

（四）森林面積の法制化

国土の六十パーセント以上を森林として確保することになっています。また、環境の劣化、生態系を侵す商・工業の活動を禁止しています。この環境保護はブータン人の森や川、湖にも精霊が宿っているので汚してはならないという信仰によって守られていま す。

（五）化石燃料を使用しない流れ込み式水力発電のみを使用

ヒマラヤ山系からくる水量が豊富で、発電量の十五パーセントを国内消費、残りをインドに売却して、外貨を獲得しています。

（六）上からの民主化

国王自ら権限を放棄し、選挙による民主的政治を実現しました。

さらにブータンは予算があり技術的に可能であっても、インフラ整備は地域社会、住民に対する恩恵と弊害の両面から検討、国全体の方針に照らして決定していくことにしています。そして、人間は物質的富だけでは幸福になれず、充足感も満足感も得られません。経済発展および近代化は、人々の生活の質および伝統的価値を犠牲にするものであってはならないという哲学のもと、国民総幸福度（GNH）という実生活の上での充足感を大切にする政策を推進しています。ですから、開発は、自分たちのペースでそうすべきときに実施するというのです。実際にブータンの国民の充足度は世界で八位になっているのです。それは仏教の説く少欲知足、すなわち欲望の肥大化を防ぐことが充足をもたらすという教えに支えられているのです。

先進国から見れば貧しい国であるブータンは、これからグローバリゼーションの中で大きな試練に立たされるでありましょう。しかし、この仏教ヒューマニズムの視点を失わなければ、速度は遅いものの持続可能な開発の道を歩むことが可能であります。アジアは今自分たちのもつ多様性、文化・伝統・宗教を振り返り、改めて開発とは何かを問い質す時点に立たされているのではないでしょうか。その意味で宗教のもつ叡知に生きるブータンは問題解決のヒントを与えてくれるのではないかと思うのであります。

環境の危機と新しいライフ・スタイル

開発と環境

　環境問題は、文明のはじまりと共に発生したといっても過言ではありません。人類が狩猟採集時代から農耕牧畜時代に入った頃から、小規模の自然破壊がはじまりました。森林を伐採して農地を開墾したり、放牧に適した牧草地の確保など、自然は人間によって少しずつ侵略されはじめたのです。しかしこの頃は圧倒的な自然の回復力に対し、人間の営為の力は小さく、長い間人類は自然との調和の中にいたといえるでしょう。

　その調和がくずれだしたのは、今からわずか二百年ほど前、人類が工業文明の時代に突入してからであります。自然科学が生まれ、その研究対象となった自然は、新しい技術の発明により、次々と開発利用されるようになりました。やがて人類の飽くなき欲望は、自然との調和どころか、回復不能まで自然を追い込みかねない勢いで、自然からの収奪がはじめられたのです。その結果数々の環境問題が発生し、ついに人類の未来に暗い影を投げかけるようになったのであります。

酸性雨・温暖化

まず国際的に環境問題がクローズアップされたのは、一九七〇年代に入ってからの酸性雨問題です。スカンジナビアやフィンランドの湖や沼の魚が減ってきたという報告が出され、次いでドイツを中心とするヨーロッパの森に異変が生じ、枯れはじめたのです。その原因が酸性雨によるもので、それは自動車の排気ガスや火力発電所の煙などによると判明しました。一九七二年には、国連によるはじめての環境問題に関する会議である「国連人間環境会議」がストックホルムで開催され、国際的な枠組みでの環境対策がはじまりました。ところがやっと緒についた環境対策は、一九七三年十月に起きた「オイル・ショック」で吹き飛んでしまいました。世界各国は環境より経済活動の鈍化を恐れ、エネルギー確保に走り出したからです。

ところが一九九〇年代に入ると、地球温暖化の問題が容易ならざることとしてクローズアップされました。一九九二年六月リオデジャネイロで国連環境開発会議（地球サミット）が開催され、温暖化対策のための気候変動枠組み条約締結への動きがはじまったのです。特に温暖化の元凶である二酸化炭素排出の削減問題が重要課題となりました。その結果一九九七年には「京都議定書」が採択され、削減の数値目標が設置されるなど、米国の不参加など欠陥はかかえたものの、環境問題に関する国際的な共通認識が生まれたのでした。

取り組みの挫折

いよいよ環境問題に関して全世界的な取り組みが動き出したように思われたのですが、それが、二〇〇八年九月のリーマン・ショックで吹き飛んでしまったのです。先進工業国は不況に喘ぎ、環境問題どころでなくなり、一方、二酸化炭素排出量に拘束されない発展途上国の工業化が急速に進み、排出量は拡大の一途を歩んでいます。その結果、排出量に関し先進国も途上国も共に責任を共有しようとする先進国と、地球温暖化の責任は先進国にあり、途上国はまだ排出量規制を受ける理由がないとする途上国の間で、合意が得られない状況になっています。そのため二〇一二年六月リオデジャネイロで開催された国連持続可能な開発会議（リオ＋二〇）では、何ら具体的な成果を上げられず閉幕してしまったのです。

こうしている間にも二酸化炭素は増加し続け、世界の森林は年々劣化し続けることにより、地球温暖化はますます進んでいるのであります。世界自然保護基金（ＷＷＦ）によると、地球全体ですでに三十年前から過剰利用の時代に入り、現在では人間は毎年地球が供給可能なエネルギー量の一・五倍を消費している計算になるといいます。このままでは人口増加も加わるので、地球はその回復力が追いつかず、破産するのは明らかであります。

かつてメソポタミアで栄えたシュメール王朝のギルガメッシュ王の叙事詩は、たいへん示唆的であります。そこには強大な都市国家の王ギルガメッシュが、森の魔王フンババを倒した物語が書かれています。ギルガメッシュが登場するまで森は神の住む神聖な場所として近づくことを禁じられていたのです。ところが鉄器時代に入った都市国家は、鉄器の鋳造や軍船の製造のため膨大な木材が必要となったのです。そこで森林の伐採利用をはじめたことが、フンババを退治したこととして表現されているのです。ところが栄華を謳歌したシュメール文明も、次々と鬱蒼としたレバノン杉の森を切り倒し、ついに森林の消滅と共に滅亡していったのであります。この叙事詩はすでに五千年も前に森林がなければ文明を維持することができないことを私たちに警告しているのであります。

ところが現在地球上の森林は、ものすごい勢いで減少しています。開発の名目でタイやインドネシアやアフリカはもちろん、あの広大なアマゾンの密林も、伐採され続けています。そもそも森林破壊は、人間や動物の生存に決定的な悪影響を及ぼすことをしらなければなりません。すなわち地球上で太陽エネルギーを物質の形で蓄積できるのは、植物の光合成反応だけだからです。その結果、植物は動物の餌となる有機物を蓄え、食物連鎖によって多くの動植物が生命を維持することが可能になるわけです。さらには植物は石油や石炭などの化石エネルギーの源泉となっているわけです。このように森林は、文明の維持はもちろんのこと、人間が生存するためになくてはならないものであります。それだけでなく森林は二酸化炭素の吸収に大きな役割を果たしていることを忘れてはなりません。

しかしながら私たちの環境対策は、今まで見てきたように、オイル・ショックやリーマン・ショックなど、少し大きな経済的衝撃があると、いとも簡単に頓挫してしまいます。それは、私たちの考え方の根底に、物質的な豊かさ、すなわち経済発展が人間を幸福にするという思い込みがあるからではないでしょうか。

新たな紛争の火種をどうするか

まさに地球温暖化の問題は、人間の飽くなき欲望の肥大化がもたらす物質至上主義の結果であることを忘れてはなりません。さらに資源の枯渇、格差の増大は不公平感を呼び、新たな紛争の火種になっています。そういう状況の中で二〇一五年パリ協定が締結されたのは朗報でした。今まで地球温暖化に関して温室効果ガス（CHG）排出規制の協定は、先進国と発展途上国が対立し、なかなか機能しませんでした。しかしパリ協定には歴史上はじめて、先進国だけでなくすべての国が参加することになったからです。ところがまたまた暗雲がよみがえってきたようです。特に米国がトランプ政権誕生後、アメリカファーストを掲げ、パリ協定から離脱したのです。国際協調をさらに無視し、自国中心主義を貫いて、事態を悪化させることが明らかであります。世界を牽引すべき立場にある国が勝手な振舞をすれば混乱を招くだけで、一時的に国民の関心をつなぎとめたとしても、長い目で見れば、結局得るものより失うものの方が大きくなるでしょう。

さて私たちは欲望を小さくして、(一)物質の充足のみに走らないこと。(二)他人をうらやむことはけっして人間を幸福にしないこと。(三)社会問題に関心を持つと共に、相手の立場を理解するようつとめること。これら三つの視点に立ってみると、必ずや今までのライフ・スタイルが本来人間が理想としてきたことでないことに気がつくはずです。そうすれば自然は人間がその技術によって開発利用するものでなく、人間が自然の一部として調和して生きるために技術が利用されるべきものであることがわかるのではないでしょうか。

アッシジの精神とは何か

ローマ教皇の提唱

一九八六年十月二十七日、オリーブの畑が広がる北イタリア、カトリックの聖地アッシジの小高い丘の中腹にそびえる聖フランシスコ教会の広場が、緊張感の中にも静かな興奮に包まれていたことを、私は今でも鮮明に思い出します。あの日は空気は澄み渡り、十月というのに真冬を思わせる寒い日でありました。

そして祈りの舞台の中央に立ったヨハネ・パウロ二世教皇は、世界中から集まった諸宗教の指導者を前に、アッシジ精神について述べました。その要旨は次の通りであります。

・もし世界がこれから存続し続けようとし、男と女がそこに生き残ろうとするのであれば、そのことは祈りなしでは不可能である。

・私たちは共通の祈りの形式で共に祈ることはできない。しかし他者が祈っている間、そばにいることは可能である。

・平和をもたらすのに外交や政治的妥協、あるいは経済的取引ではないもう一つの道があることを、世界に知らしめることが重要である。すなわち真剣で謙虚な心をこめた祈りこそ必要なのである。

・私たちは、それぞれの宗教的伝統を全面的に信奉し、かつそれぞれの信仰上の行為の独自性をじゅうぶんにわきまえて集まっており、お互いの相違は隠されるべきではない。むしろ、自分自身の宗教的立場も他の宗教も、いかに平和への道につながっているかを、再発見することが大切なのである。

・平和は万人共通の責任である。それは日々の生活の中で無数の小さな行為を通して実現されるものである。だから私たちは、平和の活動を特に若者たちに託したい。若い人々が、人類が迷いこむ間違った道から、歴史を解き放つことに力を貸してくれるよう願う。

・また、平和は個人のみならず諸国家の手中にもある。平和づくりの基礎を持つのは国家である。だから諸国家や国際機関の指導者にも積極的に呼びかけていく。

さてローマ教皇の挨拶のあと、舞台の上では、アルファベット順に世界の各宗教代表の祈りが捧げられました。特にキリスト教グループの祈りにおいて、プロテスタントやギリシャ正教、イギリス聖公会の代表者と共にグループの代表というのではなく、半歩さがって静かに祈っていたローマ教皇の姿がとても印象的で、まさしくアッシジ精神を体現しているようでした。

しかし、このアッシジにおける平和の祈りについて、教皇の提唱にもかかわらず、カトリック教会の中で大きな議論を呼びました。ひとつは諸宗教の指導者が、祈りの場に共にいることは、シンクレティズム（宗教混淆主義）ではないかという批判が、保守派から出されました。もうひとつはアッシジの平和の祈りは大成功でしたが、大きな冒険であったので、二度と繰り返すべきでないというものです。

このようにカトリック教会は諸宗教の祈りの継続には消極的でしたが、ヨハネ・パウロ二世教皇は、「勇敢でありなさい。アッシジは続けねばなりません」として、アッシジ精神を聖エジディオ共同体の若者たちに引き継ぐことを望みました。聖エジディオ共同体は翌年のローマを皮切りに、以後毎年ヨーロッパ各地で平和の祈りの集いを開催し、実に三十年もの間休むことなく続けてきたのです。その平和への熱意と実行力に対し、深く敬意を表するものであります。

比叡山への継承

一方、アッシジ平和の祈りの集いに招待された、日本の仏教僧山田恵諦天台座主は、その祈りの集いを高く評価し、アッシジ精神を継承して、翌年の八月日本の比叡山で世界の宗教指導者を招き、平和の祈りの集いを開催することを宣言しました。比叡山とは日本の仏教の母山といわれる聖地でありますが、そこで日本の諸宗教が共同主催者となって開催するという提案でありました。そしてアッシジ精神は東洋にも伝えられることになったのです。

千二百年前に比叡山を開いた日本天台宗の宗祖最澄上人の言葉に次のようなものがあります。

「一目の羅、鳥を得ることあたわず。一両の宗、何んぞ普くを汲むに足らん」

これは、カスミ網のひとつの網の目では鳥を捕らえられないのと同じように、ひとつの宗派だけでは、すべての人々を救うことはできない、という意味であります。最澄上人は、他の宗教の存在を認めながらも、自分の考えを求めている人々が大勢いることを知って、新たに天台仏教を開いたのでした。一方最澄上人が学んだ中国の高僧智顗禅師の言葉に「一目の羅、鳥を得ることあたわざるも、鳥を得るのは一目の羅のみ」というのがあります。すなわち、カスミ網がひとつの網の目だけであったら、鳥は捕らえることはできないが、カスミ網に鳥がかかっているのを見ると、一つの網目にかかっているのである、というのです。

これらを総合すると、天台仏教は他の宗教の存在や価値を認めるが、けっしてシンクレティズムでなく、それぞれの宗教が崇高な独自の宗教目的によって、平和を求め、人々を救済していくべきものである、としているのです。このことは宗教にとってとても重要な問題です。いろいろな宗教をその歴史伝統を軽視して合理化し、いわゆるいいとこ取りをすることはシンクレティズムとしてもっとも戒められているからです。天台仏教の考え方はまさにアッシジの精神に共通する考え方なのであります。

一九八七年八月四日、比叡山ではアッシジとは異なり、真夏の太陽の下、世界の諸宗教代表者により平和の祈りが捧げられました。そしてローマ教皇ヨハネ・パウロ二世は代理としてバチカン諸宗教対話評議会議長のアリンゼ枢機卿を派遣し、メッセージを託しました。その中で教皇は、

「各人がそれぞれ自分の信仰に立ち、真理を求めて祈る、その祈りなくして平和は達成できません」

と平和における祈りの重要性を強調し、アッシジ精神の継承を高く評価したのでした。その日、全世界に発信された比叡山メッセージは「平和のために祈るべくここに集まったわれわれの営みが、世界の到るところで繰り返され、繰り拡げられ、全人類が渇望してやまないこの大いなる平和の賜物が、われわれの時代に与えられんことを切に祈る」と結ばれています。以来、比叡山における平和の祈りの集いは、このメッセージにある通り毎年続けられ、今日に至っています。

このようにアッシジ精神は聖エジディオ共同体と日本の宗教者に引き継がれ、ヨーロッパとアジアでそれぞれ平和の祈りが捧げられております。その間の三十年のうちに世界は大きく変わりました。ベルリンの壁が崩壊し、ソヴィエト連邦の解体により、東西冷戦構造が瓦解した結果、一気に世界平和の到来が期待されました。ところが民族紛争が各地で激化、さらに南北問題の深刻化、地球温暖化の進行など、平和を脅かす諸問題が急に表面化してきました。特に民族紛争は、そこに宗教の違いなどが絡み対立が先鋭化した例が少なくありません。

ボスニア・ヘルツェゴビナの内戦

たとえば一九九一年に勃発したボスニア・ヘルツェゴビナの内戦です。この地域に住んでいる人々はムスリムのボスニア人が四十三パーセント、正教徒のセルビア人が三十一パーセント、カトリックのクロアチア人が十七パーセント、残りがユダヤ教徒やその他の人々でした。

この紛争はそれぞれの民族が自分たちの権利を主張しましたが、宗教が異なることが衝突をいっそう激しいものにし、他民族を圧殺しようとする民族浄化という事態まで発展していきました。そこで立ち上がったのが宗教指導者たちでした。イスラーム、カトリック、セルビア正教、ユダヤ教の指導者が揃って大衆の面前に姿を現し、お互いの宗教を尊重して共に生きることの大切さを訴えたのです。やがて四宗教による対話を促進する協議会が設立され、内戦終息のために側面から働きかけました。まさにアッシジ精神が発揮されたのだといえましょう。

二〇〇七年八月の比叡山における二十周年平和の祈りの集いには、ボスニア・ヘルツェゴビナから子どもたちが参加しました。その中の一人の少女が平和をテーマに絵を描いてくれましたが、それがとても印象的な絵でした。その絵にはキリスト教の教会とイスラームのモスク、それにユダヤ教のシナゴーグが描かれていましたが、その入口が全部橋で結ばれていたからです。宗教対立を望まない子どもたちの理屈を超えた鋭い指摘です。アッシジ精神は世界各地で子どもたちの中にも芽生えつつあるのです。

九・一一と宗教問題

次に九・一一事件も宗教者として取り上げないわけにはいきません。二〇〇一年九月十一日アメリカのニューヨーク・マンハッタンにあった貿易センタービルに二機の旅客機が衝突、建物は崩壊して三千人近い犠牲者が出ました。その様子が一部始終テレビで全世界に放映されたため、多くの人々がショックを受けました。そしてパイロットが飛行機をハイジャックしたムスリムであることが判明し、アメリカを中心に反イスラム感情が高まったのです。

そこで世界宗教者平和会議では急遽ニューヨークに世界の諸宗教の指導者が集まるように呼びかけました。そしてムスリムに対して偏見を持たないように呼びかけ、国連にも強く働きかけました。さらに諸宗教の代表者は、貿易センタービルに近いカトリック教会で犠牲者に、それぞれの方法で祈りを捧げ、また市内のモスクを訪問して対話の機会をもちました。ここでもアッシジの精神は、いかんなく発揮されたのであります。

しかしながら、九・一一事件はこれを契機に世界が大きく変わっていったように思われてなりません。その後の世界情勢は、米国のアフガン侵攻やイラク戦争、ＩＳの登場などめまぐるしく動いていきますが、今まで陰にかくれていた宗教問題が前面に出てくることになります。

その意味でアッシジ精神は、常に時代の問題を解く鍵につながるものであり、その答えは武力ではなく対話に他ならないことを示唆しているのではないでしょうか。

平和はすべての人に開かれた作業の場である

戦争の歴史

一九一四年、人類が経験したこともない悲惨な戦争といわれた、第一次世界大戦が勃発してすでに百年以上が経過しました。四年間に及んだ戦争で死傷者は優に三千七百万人と、未曾有の犠牲者を生んだといわれています。これはそれ以前の戦争と異なり戦場が一地域ではなく、ヨーロッパが主戦場ではありましたが、結局はアフリカ・中東・東アジア・太平洋・大西洋・インド洋にも及んだからです。さらに武器も大量破壊兵器といわれるものが出現、戦車・航空機・機関銃・毒ガスなどが用いられるようになったのも、第一次世界大戦からです。一方それまでの戦争は軍人同士の戦いでしたが、それが国家国民全部を巻き込む総力戦といわれるものになりました。戦闘員のみならず民間人も軍需産業に動員されるなど、国家の総力を上げての戦争の様相を呈することになったのです。その結果、戦闘員と非戦闘員の境界が曖昧になり、犠牲者の数も増大していったのであります。

あまりにも悲惨な結果を生じたために、もうこれで戦争は終わりにしたいという願いが込められ、この世界的な戦争に対して「諸戦争を終わらせる戦争（War to end wars）」という呼び方も生まれました。また戦争防止のために一九二〇年には、国際連盟が発足したのであります。

にもかかわらずそれから約二十年後、一九三九年に第二次世界大戦が起きてしまったのです。この戦争の悲劇は、御承知のように第一次世界大戦をはるかに超えるものでした。推計ではこの戦争の犠牲者は五千万から八千万人ともいわれています。日本だけでも五百万以上の人々が犠牲となりました。そして大量破壊兵器は一段と進化し、化学兵器・生物兵器、ついには究極の兵器といわれる原子爆弾が登場、現実に日本の広島と長崎にそれぞれ投下されました。その被爆の悲劇は筆舌に尽しがたいものがあり、多くの人々がいまだに苦しんでいます。

戦後国際的協調のために一九四五年、国際連盟の失敗を乗り越えて、国際連合が発足しました。発足当時の加盟国はわずか五十一ヶ国でしたが、現在は百九十三ヶ国に及んでいます。これはグローバリゼーション、すなわち政治・経済・軍事・文化の地球的規模での相互連繋の強化の結果でありますが、一方では旧植民地の独立による新国家の誕生や、民族間の独立による分離独立国家など、すなわち統合でなく分化の結果でもあるのです。

終わらない戦争・紛争

人類は二回もの悲惨な戦争を経験したにもかかわらず、その後も相互連繋よって生まれた軍事的同盟国間の冷戦や代理戦争と呼ばれる局地的戦争が起きました。一方ではグローバル化が逆に相互の相違を意識せざるをえなくなり、政治的対立や民族間の対立を生み、紛争へと発展し、テロや内戦などが各地で起こっています。残念ながら人類の歴史はまさに戦争の歴史といわざるをえません。

そしてさらに衝撃的なことは、二十世紀初頭の戦争の犠牲者の比率は軍人と市民が八対一であったものが、次第に市民の犠牲者が増し、一九九〇年以降ではこの比率が逆転、一対八になっているということです。すなわち現代は、ひとたび戦争が起これば、まず市民が犠牲になるといっても過言ではありません。いいかえれば、戦争がはじまれば、市民が何らかの関係をもたざるをえなくなり、犠牲になる可能性が大きいのが現代社会であります。このことを第一次世界大戦からは百年経過した今日、私たちは強く認識しなければなりません。ですから現在世界各地で紛争が勃発していますが、けっして対岸の火事であるがごとく、傍観していてはいけないのであります。戦争が起きないよう努力する、すなわち平和構築こそすべての人々が、かかわりをもつべき作業の場であることを知らなければなりません。

立ち上がる宗教者たち

ユネスコ憲章は「相互の風習と生活を知らないことは、人類の歴史を通じて世界の諸人民の間に疑惑と不信をおこした共通の原因であり、この疑惑と不信のために、諸人民の不一致が余りにもしばしば戦争となった」と指摘しています。さらにいえることは戦争終結後相互の和解がじゅうぶんに行われていないことが、再び不信感を呼び起すことになっているのではないでしょうか。そこで世界への平和を希求する宗教者たちは、宗教の垣根を越えて、宗教間対話を通じて相互理解を深め、和解の促進や共に平和を祈る場を市民に提供してきました。

一九八六年ローマ教皇ヨハネ・パウロ二世の提唱によってイタリアのアッシジにおいて開かれた「世界宗教者平和の祈りの集い」は、キリスト教・イスラーム・仏教のような世界宗教の指導者のみならず、アジア・アフリカ・アメリカなどの民族宗教の代表者も対等に空間を共有し、世界平和を祈ったのであります。その開かれた精神は、聖エジディオ共同体が継承し、ヨーロッパ各地で諸宗教の対話の機会を設け、多くの市民に平和構築の作業場を提供してきたのであります。

一方アッシジの精神は東洋にも継承され、一九八七年、日本の古都京都の郊外にある仏教の聖地比叡山で「世界宗教サミット」が開催され、平和の祈りが行われました。そしてその祈りの集いは毎年八月四日に開催され、次世代を担う子どもたちにも平和のために働くことの大切さを教えています。そして平和のために祈る集いが人種・宗教を超え、世界の至るところで繰り返され、繰り拡げられるよう呼びかけています。

一方、世界連邦日本宗教委員会では、一九八二年以来今日まで毎年十二月、ハワイのパールハーバーで日本の真珠湾攻撃による戦争犠牲者の慰霊法要を行ってきました。当初は「ジャップ帰れ！」と罵声をあびせられた日本の宗教者の祈りも回を重ねていくことによって、現地の人々の心を開くようになりました。日米関係は良好であるといわれていますが、本当の和解や許しが受け入れられるには、地道な努力が必要なことを教えています。

一九七〇年に設立された世界宗教者平和会議（ＷＣＲＰ）では、宗教間の対話と協力を通じて、多くの市民が参加できる平和への作業の場を提供してきました。一例をあげれば、特にその青年部を中心に「アームズ・ダウン」キャンペーンを二〇〇九年から二ヶ年間世界的に展開しました。アームズ・ダウンとは核兵器の廃絶と軍縮を訴え、さらに軍事費を削減し国連のミレニアム目標達成のために使うという署名運動であります。その結果二〇一一年十月四日には国連に対し、ＷＣＲＰ国際青年委員会の代表から、日本で集められた約一千万人の署名を含む世界で二千十万二千七百四十六名分の署名の目録が手渡されました。

このように諸宗教は連携をしながら、多くの市民に平和について考え、また行動する機会を設けることが可能であることを、常に意識しなければならないでしょう。

宗教対話のための三要素

かつて古代ギリシャでは他民族のことをバルバロイといい、古代インドではムレーッチャといいました。いずれも「訳のわからない言葉を喋る野蛮人」という意味です。このことは古代に限らず、現代も私たちは異文化に対し、敬意を表すどころか、無視したり、見下したりあるいは排斥する傾向にあります。それは無知の仕業であり、紛争の芽を育てる原因となります。宗教対話が成立するためには、次の三要素を欠くことができません。

（一）対等であること
（二）相手に敬意を持つこと
（三）相手に無知であってはならないこと

にもかかわらず宗教者自身が世界宗教を優れたものと考え、多くの学者がそれを支持してきました。しかし近年その硬直した価値観はくずれつつあります。すなわち多様な価値を認めることこそ対話の原点であり、平和への入口になっていくのです。

ユネスコ憲章は「戦争は人の心の中で生まれるものであるから、人の心の中に平和のとりでを築かなければならない」と訴えています。平和のとりでを築くには、どうしても子どもの頃からの平和教育が大切です。特に異文化に対して寛容な人間を育てることは平和構築に欠かせないことであります。アメリカの教育学者ドロシー・ロー・ノルトは次のように言っています。

殴られて大きくなった子どもは、力に頼ることを覚える。批判ばかりされた子どもは、批難することを覚える。寛容に出会った子どもは、忍耐を覚える。友情を知る子どもは、親切を覚える、などです。

さて、平和とは重い荷車をみんなで険しい坂道を押し上げているようなものです。みんなの気持ちが揃わなかったり、気を抜けば、荷車はすぐに坂を下りはじめます。みんなで力を合わせて平和の荷車を少しでも押し上げていこうではありませんか。

〈参考文献〉

「世界宗教者倫理会議」まで

一、『世界連邦日本仏教徒会議二十五年の歩み』（世界連邦日本仏教徒協議会）

一、『世界宗教者倫理会議紀要』（日本宗教代表者会議）

「世界宗教者平和会議の発足」

一、『WCRP世界宗教者平和会議三十年史』（世界宗教者平和会議日本委員会）

「日本宗教界の総力をあげた比叡山宗教サミット」「比叡山宗教サミット三十周年を振り返って」

一、『比叡山宗教サミット・世界宗教者平和の祈りの集い』（日本宗教代表者会議）

一、『宗教の挑戦』（岩波講座・宗教9、岩波書店）

一、『宗教――相克と平和〈国際宗教学宗教史会議東京大会（IAHR2005）の討議〉』（秋山書店）

「宗教間対話の可能性と平和貢献」

一、『消費するアジア』（大泉啓一郎著、中公新書）

一、『ブータンに魅せられて』（今枝由郎著、岩波新書）

宗教間対話の歩み　略年表

年	月・日	出来事
一八九三	九・一一—二七	シカゴで開催された万国博覧会の一環として万国宗教会議（The World's Parliament of Religions）が開催される。世界の一〇大宗教の代表が講演、意見発表を行う。日本から釈宗演臨済宗円覚寺派管長等五名の仏教僧が登壇。
一八九六	九・二六	シカゴの万国宗教会議に出席した日本の宗教者が発起人となり、神道、仏教、キリスト教、教派神道の有志四二名が出席し、宗教者懇談会を開催する。
一八九七	七・五	シカゴ万国宗教会議で大会委員長を務めたジョン・バローズ牧師の来日を機に、第二回宗教者懇談会が東京で開かれる。出席者三六名。
一九二四	七・五	神道、仏教、キリスト教の有志二四名が発起人となり、日本宗教懇話会が結成される。
一九二八	六・五—八	日本宗教懇話会の主催により、日本宗教大会が東京で開催される。神道、教派神道、仏教、キリスト教の聖職者、信者及び教育界、学術界の有志一五〇〇名が出席する。
一九二九	四・一	日本宗教懇話会を日本宗教協会と改称する。
一九三一	五・一八—二〇	日本宗教協会が中心となり、東京で、日本宗教平和会議が開催される。神道、教派神道、仏教、キリスト教の指導者三五〇名が出席する。
一九三三	八・二七—三一	シカゴ市発足一〇〇周年を記念して、万国博覧会が開催され、その一環として世界宗教大会（World Fellowship of Faiths）が開かれる。キリ

		スト教、仏教、シーク教、イスラーム、天理教、金光教、バハイ教、ゾロアスター教、ヒンドゥー教その他の宗教代表者三六名が講演、意見発表を行う。
一九三六	七・三—一八	世界宗教会議（World Congress of Faiths）がロンドンで開催され、キリスト教、仏教、イスラームなど世界の主要宗教の指導者、宗教学者、哲学者、科学者などが参集し、講演、意見発表を行う。
一九四六	六・二	神道、教派神道、仏教、キリスト教の各連合体の提携により、日本宗教連盟が結成される。
一九四七	五・五—六	日本宗教連盟の主催により、全日本宗教平和会議が、東京で開催され、宗教界をはじめ、政界、財界などから一〇〇〇名が出席する。朝比奈宗源円覚寺管長が「世界国家」案を提案、採択される。
	八・二三	スイスのモントルーにおいて世界一四ヶ国から五〇団体の代表一三八名が集まり、第一回の世界連邦大会が開催され、「世界連邦世界協会（WAWF）」が結成される。
一九四八	八・六	ヒロシマ原爆投下三周年を契機として、日本国内に世界連邦建設同盟が結成され、朝比奈宗源師ら宗教者もその結成に参画する。
	八・二二—九・四	オランダのアムステルダムに、世界四四ヶ国から一四七教会のプロテスタント代表三五〇余名が参集、WCC（世界教会協議会）の創立総会が開かれる。
	一一・一	日本宗教連盟の主催により、宗教平和大円卓会議が東京で開催される。
一九五四	三・一	日本宗教連盟はビキニ水域におけるアメリカの水爆実験に反対し、核兵器実験禁止声明を発表、世界各国にアピールを送付する。
一九五五	八・一—四	宗教世界会議（The Conference of World Religionists）が東京で開催される。日本から仏教、神道、教派神道、キリスト教の代表一五〇名、外

		国からアメリカ、インドなど一六ヶ国からキリスト教、ヒンドゥー教、カオダイ教、仏教、バハイ教などの代表五〇名、総計二〇〇名の宗教者が出席する。会議では、最終日の総会で（一）原水爆の禁止、（二）常設の世界宗教協力機関を設置する、（三）各国に宗教協力機関を設置する、などを決議する。
一九六二	一〇・一一	ローマ教皇ヨハネ二三世が第二回バチカン公会議を招集、世界各国から二五〇〇余名の司教のほか、プロテスタント各派代表、非キリスト教代表が、オブザーバーとして招かれ、開会式が行われる。会期は第一期（三ヶ月）から第四期まで三年半を予定する。
	一一・一八	日本の仏教代表使節団（団長：金剛秀一曹洞宗宗務総長）がバチカンで教皇ヨハネ二三世と会見。平和について仏教とカトリックの協力を確認。
一九六三	三・八	世界連邦仏教徒協議会が設立される。初代会長に朝比奈宗源師が就任。
	四・一〇	ローマ教皇ヨハネ二三世が、回勅「地上に平和を」を発表。核兵器禁止、軍縮、平和共存を訴える。
	八・二四	第一一回世界連邦世界大会（東京開催）において朝比奈宗源師が第三部会に「宗教と世界連邦」を発願する。
	九・一四―一〇・二四	日本宗教界代表による「核兵器禁止平和使節団（松下正寿団長以下一八名）」が米国、英国、ソ連など一〇ヶ国を訪問する。各国首脳及び宗教者に「原水爆実験禁止」と「核兵器廃絶」を訴える。一行はローマ教皇パウロ六世、英国のカンタベリー大主教マイケル・ラムゼー博士、ウ・タント国連事務総長らと会見する。
一九六五	一・五	日本の宗教、教育、学術、経済、政治、言論の各界有識者の提唱により、国民の宗教的情操の高揚を目的として社団法人「宗教センター」が設立される。

	三・二五	ローマ教皇特使として、パウロ・マレラ枢機卿（バチカン教皇庁非キリスト教関係事務局長官）が来日し、神道、教派神道、仏教、キリスト教、新宗教の代表的指導者八〇余名と懇談する。
	六・二〇―二六	世界連邦第一二回サンフランシスコ大会において、藤井日静日蓮宗管長がＷＡＷＦの中に宗教委員会の設置を提案する。
	九・一四―一五	第二回バチカン公会議第四期に、庭野日敬立正佼成会会長が非キリスト教徒の代表の一人として招待され出席、教皇パウロ六世と会見、宗教協力を促進することに意見が一致する。
	一〇・四	ローマ教皇パウロ六世が国連総会で演説。国連改革と世界連邦の可能性に触れ、反戦、軍縮の撤廃を訴える。
	一二・七	ローマ教皇パウロ六世とギリシャ正教アテナゴラス総主教が、一〇五四年以来の「破門宣言」を解消する旨の共同宣言を発表する。
	一二・八	第二回バチカン公会議が「教会憲章」など四つの憲章、「エキュメズムに関する教令」など二つの教令、「キリスト教以外の諸宗教に対する教会の態度に関する宣言」など二つの宣言を発表して閉会する。
一九六六	三・一五―一七	ワシントンで「平和のためのアメリカ国内諸宗教者会議」が開催され、聖職者、信徒ら五〇〇名が出席、「世界宗教者平和会議」開催が提案される。
	四・二三	キリスト者世界連邦協議会が結成される。
一九六七	五・二	世界連邦日本宗教委員会が結成される。代表委員に朝比奈宗源師（仏教代表）、片山哲師（キリスト教代表）、出口伊佐男師（教派連代表）、林栄二師（神社本庁代表）の四名が選出される。
一九六八	一・一〇―一四	インドのニューデリーでガンジー生誕一〇〇年を記念して「平和に関する国際宗教者シンポジウム」が開催され、世界二〇ヶ国から各宗教代表

者約五〇名が参加、「世界宗教者平和会議」開催が提案される。

一九六九

一・二二　日本宗教連盟及び宗教センターの共催により、「平和についての日米諸宗教者会議」が京都で開催され、「世界宗教者平和会議」の開催に賛同する「共同コミュニケ」が発表される。

二・二一—二三　トルコのイスタンブールで「世界宗教者平和会議暫定諮問委員会」が開催され、世界宗教者平和会議を一九七〇年秋、日本の京都で開催する旨、決定される。

五・二七　日本宗教連盟は「世界宗教者平和会議」の日本開催と、その受け入れ開催機関になることを決定する。

七・八　日本宗教連盟は「日本宗教連盟国際問題委員会」（委員長：庭野日敬師、総幹事：大石秀典氏）を組織する。

七・一八—二〇　国際自由宗教連盟（IARF）第二〇回世界大会がボストンで開催され、従来の連盟の名称から「自由キリスト教」を削除し、「自由宗教の国際的連盟」（International Association for Religious Freedom）と改め、仏教、神道など他の宗教の連盟加入を承認する。

七・二一—二三　ボストンで「世界宗教者平和会議実行委員会」が開催され、世界会議の大綱を決定する。日本代表団は、この後、ロンドン（カンタベリー大寺院）、ジュネーブ（WCC）、バチカンを訪問、世界会議開催の構想を説明し、協力を求める。

八・二一—二二　第一回世界連邦平和促進宗教者大会が、「世界の平和と日本」をテーマに、身延山久遠寺で開催される。六部会に別れて討議が行われ、共同コミュニケを発表。諸宗教の指導者による「宗教代表者会議」も同時に開催される。

一二・三—五　京都で「世界宗教者平和会議準備委員会」が開催され、世界会議の具体

		的事項が決定される。
一九七〇	五・一二	ホーマー・A・ジャック世界宗教者平和会議「World Conference of Religions for Peace（略称 WCRP）」国際事務総長及び大石秀典共同事務総長の下にWCRP準備事務局を東京・普門館に開設する。
	八・五	第二回世界連邦平和促進宗教者大会が広島で開催される。「宇宙時代の指標——ヒロシマの初心に立ちて」をテーマに九〇〇〇名が参加。大会長は西本願寺門主大谷光照師。
	八・一八	歴史学者アーノルド・トインビー博士が、WCRPの開催について朝日新聞に寄稿する。
	一〇・一三—一四	WCRPⅠの開催に向けて、「諸宗教間の話し合いと平和についての研究者会議」が京都で開催される。
	一〇・一六—二一	第一回世界宗教者平和会議（WCRPⅠ）が国立京都国際会館で開催される。基調テーマは「非武装、開発、人権」、三九ヶ国から三〇〇余名の諸宗教代表者などが参加する。「京都宣言」及び「ベトナムに関する決議」などを採択、常設の継続機関「世界宗教者平和会議（World Conference on Religion and Peace）」設立を決議する。
	一二・一	WCRP国際事務局をニューヨーク・国連チャーチセンターに設置する。
	一二・一八—二四	WCRP京都会議の決議に基づき、日本宗教連盟が宗教者平和調査団（庭野日敬団長以下五名）を南ベトナムに派遣、救援物資を届ける。
一九七一	二・九	アンジェロ・フェルナンデスWCRP国際委員長、ジャック国際事務総長ら、国際役員がウ・タント国連事務総長と会見、「WCRPⅠ決定事項」を手渡す。
	四・一	WCRPニュースレター"Beyond Kyoto"（季刊）を国際事務局で創刊する。

	五・二九―三〇	第三回世界連邦平和促進大会が横浜の総持寺において総合テーマ「平和の創造と人間性の回復」として開催される。トインビー博士が長文のメッセージを寄せ、日本の諸宗教の共存を讃える。大会長は曹洞宗管長岩本勝俊師。
	九・二四―一二・四	「WCRP宗教者国連参加プログラム」（ジャック国際事務総長以下四名）が第二六回国連総会にオブザーバーとして参加する。
一九七二	四・一九	日本宗教連盟国際問題委員会が発展的に解消し、WCRP日本委員会を創設、第一回（創立）委員会を開催する。初代委員長に庭野日敬立正佼成会会長、事務総長に坂田安儀禊教管長、日宗連加盟の五連合会代表及び有志の教団代表が委員に就任する。
	六・一―二	第四回世界連邦平和促進宗教者大会が「地球と生命の尊厳」をテーマに名古屋市の東本願寺別院を会場に開催される。約二〇〇〇名が参加。大会長は真宗大谷派門主大谷光暢師。
	六・一九―二三	WCRP日本委員会及びWCRPアメリカ委員会が日米宗教者協議会をホノルルで共催する。基調テーマは「日本とアメリカの相互理解と協力――世界の平和と人類の福祉のために」、「ホノルル宣言」を採択する。
	一二・一五	WCRPI公式記録「世界宗教者平和会議・会議記録」（和文）を東京で出版、七三年、WCRPI公式記録“Religion for Peace”（英文）をニューデリーで出版する。
一九七三	三・一四	WCRP日本委員会の「第一回平和のための宗教者研究集会」が京都で開催される。以後、毎年定期的に開催する予定。
	五・四	WCRPが国連経済社会理事会（ECOSOC）の諮問協議機関カテゴリーⅡのNGO（非政府組織）として公認される。以後、軍縮、開発、人権、環境などの分野で国連NGOとしての活動を積極的に推進する。

	六・七―八	第五回世界連邦平和促進宗教者大会が伊勢神宮を会場に開催される。テーマは「人類社会の夜明け」、大会長は徳川宗敬大宮司、参加者一五〇〇名。
	一一・一六―二六	WCRP日本委員会が「国連及び米国訪問平和使節団」をニューヨークに派遣する。クルト・ワルトハイム国連事務総長、L・ベニテーズ国連総会議長及び国連幹部と会談、WCRPアメリカ委員会、アメリカ・キリスト教協議会、ユニオン神学大学及び国連NGO諸団体と交流、「国連に対するアピール」を発表する。
一九七四	一・二二	WCRPⅡ企画会議をアムステルダムで開催、一九七四年にベルギー・ルーベンでWCRPⅡの開催を決定する。
	四・一	WCRP国際事務局がWCRP機関紙“Beyond Kyoto”に代わり、“Religion for Peace”を発行する。
	四・一八―二七	庭野日敬立正佼成会会長（WCRP副委員長）が廖承志中日友好協会会長、趙樸初中国仏教協会責任者の招きにより中国を訪問、仏教、キリスト教、イスラーム、道教などの諸宗教指導者と会談、WCRPⅡへ中国代表の参加を要請する。
	八・二八―九・三	第二回世界宗教者平和会議（WCRPⅡ）をルーベンで開催する。基調テーマは「宗教と人間生活の質――地球的課題に対する宗教者の応答」、五〇ヶ国から三〇〇余名の宗教指導者などが参加する。「ルーベン宣言」を採択、会期中、アジア宗教者平和会議（ACRP）の開催を協議する。
	一〇・二九―三一	第六回世界連邦平和促進宗教者大会が長崎浦上天主堂を会場に開催される。テーマは「人類の和解」で、大会長は里脇浅次郎長崎大司教。参加者二〇〇〇名。
	一二・一	WCRPヨーロッパ事務局が発足する。初代委員長にマリア・ルッカー

		が就任、事務局をボンにおく。
一九七五	一・一五	WCRP日本委員会が「平和開発基金」を開設する。
	四・二六	WCRP日本委員会が「平和大学講座」を開講、以後、毎年開講する。
	六・七―八	第七回世界連邦平和促進宗教者大会が京都郊外の亀岡大本本部で開催される。大会長は出口直日大本教主、「世界連邦は二一世紀までに」をテーマに、二五〇〇名が参加。
	八・二―一六	ジャックWCRP国際事務総長が広島・長崎被爆三〇周年記念行事に参加、東京及び広島で講演する。
一九七六	六・一二―一三	第八回世界連邦平和促進宗教者大会が東京立正佼成会本部で開催される。「平和のための宗教協力」をテーマに、大会長は庭野日敬立正佼成会会長、約五〇〇〇名参加。エジプト・アズハルから前総長ファハーム博士来日出席。
	一一・二五―三〇	第一回アジア宗教者平和会議（ACRP I）がシンガポールで開催される。基調テーマは「宗教による平和――平和への途上で、アジアは省察し、提案し、行動する」。二一ヶ国から三〇〇余名の諸宗教代表者などが参加する。「シンガポール宣言」及び「インドシナ難民救援に関する決議」を採択、継続機関の設立を決議する。
	一二・一―二	WCRP国際委員会がシンガポールで開催される。「WCRP／ACRPインドシナ難民救済事業」の実施を決定、インドシナ難民救済委員会（飯坂良明委員長）が発足、事業に着手する。
一九七七	一一・三―五	ACRP継続委員会をシンガポールで開催、常設の継続機関「アジア宗教者平和会議（Asian Conference on Religion and Peace）」が設立される。初代委員長に庭野日敬WCRP日本委員会委員長、事務総長にメヘルバン・シン・シンガポール宗教連盟事務総長を選任する。

	一一・一〇—一一	第九回世界連邦平和促進宗教者大会が石川県羽咋市の妙成寺を会場に開催される。テーマは「世界連邦を21世紀までに」、大会長は望月日滋身延山法主。インドシナ難民の救援、世界諸宗教の連帯のための常設機関の必要性を訴える。
一九七八	六・一二	第一回国連軍縮特別総会（SSDⅠ）で、庭野日敬WCRP名誉議長が国連NGO及びWCRPを代表して演説をする。またNGO軍縮会議のDisarmament TimesにWCRP日本委員会が協力する。
	七・二四—二六	バチカン・日本宗教会議がローマ郊外ネミ湖カトリック黙想の家で開催、世界連邦日本宗教委員会を中心に日本の宗教代表が参加。
一九七九	七・五—七	庭野日敬WCRP名誉議長が中国を訪問、趙樸初中国仏教協会責任者、肖賢法国務院宗教局長ら要人と会談、WCRPⅢへ中国代表の参加が決定する。
	八・二九—九・七	第三回世界宗教者平和会議をプリンストンで開催する。基調テーマは「世界共同体を志向する宗教」、中国代表団の初参加を含め四七ヶ国から三五〇余名の諸宗教指導者などが参加する。「プリンストン宣言」を採択。九月六日、代表団がジミー・カーター米国大統領をワシントンのホワイト・ハウスに訪ね、会見する。
	一一	エジプトシナイ山返還式典共同礼拝（イスラーム、ユダヤ教、キリスト教）に葉上照澄師、広瀬静水師等世界連邦日本宗教委員会の代表が招かれる。
	一二・三—九	坂田安儀WCRP日本委員会事務総長がバンコクで開催のユネスコ人権専門家会議に出席する。
一九八〇	一・一九—二五	WCRP日本委員会が第一回カンボジア難民救援調査団をタイ・カンボジア国境地域に派遣する。

	一二・四	WCRP日本委員会がWCRP創立一〇周年記念祝賀会を東京で開催、記録映画「WCRP 10年の歩み」を制作する。
一九八一	三・六—一一	WCRP創立一〇周年記念行事として、WCRP日本委員会が「マザー・テレサ写真展」を東京、大阪、京都などで開催する。
	四・二七	WCRP創立一〇周年記念行事として東京・立正佼成会普門館で講演会が開催される。講師はマザー・テレサ尼及びプラティープ・ウンソンタム女史。
	五・五—八	WCRPヨーロッパ会議をオランダ・リステルベルグで開催する。
	六・二三—二五	世界宗教者倫理会議が、東京・京都で開催される。主催団体として日本宗教代表者会議が組織され、名誉議長秦慧玉（全日仏会長）、議長篠田康雄（神社本庁総長）が選任される。テーマは「自然と宗教倫理」。
	一一・七—一一	第二回アジア宗教者平和会議（ACRPⅡ）がインド・ニューデリーで開催される。基調テーマは「平和のために行動する宗教」、一八ヶ国から、約三〇〇名の諸宗教代表者などが参加する。「ニューデリー宣言」を採択、会期中、世界宗教協議会（WFR）と共同主催による平和行進と集会を行い、市民を含め約三万名が参加する。
一九八二	五・七—一一	WCRP国際委員会が「WCRP平和使節団」（庭野日敬団長以下一〇名）を北京に派遣、姫鵬飛国務委員ら政府要人、廖承志中日友好協会会長及び趙樸初中国仏教協会会長らと会談、核兵器廃絶を訴える。
	六・二一—三〇	WCRP日本委員会が「国連軍縮特別総会（SSDⅡ使節団）」（庭野日敬団長）をニューヨークの国連本部に派遣、デクエヤル国連事務総長、キタニSSDⅡ議長らと会見、議事を傍聴、国連及びNGO関係者と会談する。
	六・二四	第二回国連軍縮特別総会（SSDⅡ）でジャック国際事務総長がWCRP

を代表して演説、NGO軍縮委員会と協力、核兵器の廃絶と全面完全軍縮を訴え、ニューヨーク反核大行進に参加する。

九・二二―二七　ロシア正教会の招きにより、庭野日敬WCRP名誉委員長がモスクワを訪問、ピーメン・ロシア正教総主教、P・ゲラシュウィリー最高会議幹部会副議長らと会談する。

一二・八　世界連邦日本宗教委員会の代表が、ハワイ・パールハーバーで戦没者慰霊式典を挙行（以来、毎年実施する）。

一九八三

五・一七―二一　WCRP日本委員会とWCRPアメリカ委員会の共催による日米宗教者協議会が、東京で開催される。日米両国間の政治、経済、文化などの諸問題について、宗教者の視点から討議、「東京宣言1983年」を採択する。

八・三〇―九・三　WCRP全アフリカ大会がナイロビで開催される。ジャックWCRP国際事務総長が基調講演を行い、基調テーマ「台頭するアフリカと平和を志向する宗教」を中心にした討議を行う。

一二・三一　ジャックWCRP国際事務総長が退任し、ジョン・B・テイラーが新国際事務総長に就任する。

一九八四

一・一　WCRP国際事務局をジュネーブに移す。

三　エジプトのシナイ山麓ラハの広場で諸宗教の合同礼拝が行われる。日本から世界連邦日本宗教委員会の代表参加。

四・一　WCRP日本委員会が財団法人の法人格を認可される。

八・二三―三一　第四回世界宗教者平和会議（WCRPⅣ）がナイロビで開催される。基調テーマは「人間の尊厳と世界平和を求めて――宗教の実践と協力」、六〇ヶ国から六〇〇名の諸宗教指導者などが参加する。アフリカの難民及び干魃救援などを呼びかける「WCRP諸宗教アフリカ・プロジェク

		ト」及び「ナイロビ宣言」を採択する。
一九八六	六・一七—二一	第三回アジア宗教者平和会議（ACRPⅢ）が韓国・ソウルで開催される。基調テーマは「アジアにおける平和のかけ橋」、二一ヶ国から約三〇〇名の諸宗教代表者などが参加、「ソウル宣言」を採択する。
	九・二四—二八	WCRP日本委員会とWCRPアメリカ委員会の共催、ディナ・グリーリー財団の後援により、日米宗教者協議会がサンフランシスコで開催される。日米両国間の経済、貿易上の緊張状態を緩和するため、宗教者の果たすべき役割について討議、「声明文」を採択する。
	一〇・二六—二八	ローマ教皇ヨハネ・パウロ二世提唱の「世界平和の祈り集会」がイタリア・アッシジで開催される。日本の宗教指導者はじめ世界の宗教指導者が招かれ、参加する。その席上、山田恵諦天台座主が比叡山宗教サミットの構想を発表する。
一九八七	四・一三—一八	WCRP日本委員会、国連大学、国連大学協力会が「人類の未来と宗教協力」をテーマに国際セミナーを東京で共催する。
	五・三一—六・三	「宗教間の開放性の増進による諸国民間の信頼醸成」を主題に、WCRP国際管理委員会がモスクワで開催される。一六ヶ国から六〇名が参加、「モスクワ声明」を採択する。会期中、ピーメン・ロシア正教総主教、アウグスト・ヴォス最高ソビエト民族会議議長らと会談する。
	八・三—四	第一回比叡山宗教サミットがアッシジの平和の祈りの精神を継承して、日本の宗教者の総力をあげて開催される。主催団体の日本宗教代表者会議は日本宗教連盟協賛五団体、WCRP日本委員会、世界連邦日本宗教委員会などで構成されている。世界の七大宗教の代表が一〇数名、全体で二〇〇〇名参加。比叡山メッセージを世界に発信する。
	八	世界連邦日本宗教委員会創立二〇周年記念大会が京都・知恩院で開催さ

		れる。
	八・二四—九・一	「軍縮と開発の関係についての国際会議」が国連本部で開催され、世界一五〇ヶ国から代表者が参加、WCRP国際事務局とWCRP日本委員会から六名がオブザーバーとして出席する。
一九八八	四・五—八	国連NGO特別軍縮委員会（E・バレンタイン委員長）が「NGO軍縮フォーラム」をジュネーブで開催、テーマは「SSDⅢに向けて——共通で安全な未来のために」、庭野日敬WCRP名誉会長が講演。
	八・四	比叡山宗教サミット一周年世界宗教者平和の祈りの集いが開催される。
	九・二九—三〇	第一〇回世界連邦平和促進宗教者大会が岡山県岡山市の岡山市民会館・まきび会館を会場に開催される。テーマは「新世紀への転換（世界の諸宗教者に平和のかけ橋を）」、大会長は華山恵光世界連邦岡山県宗教委員会会長。
一九八九	一・二二—二七	第五回世界宗教者平和会議（WCRPV）をメルボルンで開催する。基調テーマは「平和は信頼の形成から——宗教の役割」、六一ヶ国から六五〇余名の諸宗教代表者などが参加する。
	八・四	比叡山宗教サミット二周年世界宗教者平和の祈りの集いが開催される。
	一一・九	第一一回世界連邦平和促進宗教者大会が香川県善通寺市の善通寺を会場に開催される。テーマは「新世紀への転換（アジアの宗教青年と平和のかけ橋を）」、大会長は蓮生善隆真言宗善通寺派管長。
一九九〇	三・二九—三一	WCRP創立二〇周年記念行事としてWCRP日本委員会が「今、生きる——子ども達のために」をテーマに記念シンポジウムを東京で開催する。
	七・二五—二七	ユニセフからの要請を受け、WCRPは「子どもたちのための世界宗教者会議」を米国・プリンストンで開催する。世界四〇ヶ国から一五〇名

		の宗教代表者が参加する。
	八・四	比叡山宗教サミット三周年世界宗教者平和の祈りの集いが開催される。
	一〇・二〇	WCRP創立二〇周年記念行事としてWCRP日本委員会が「記念式典・記念講演会」を京都で開催する。世界から二〇〇〇名の宗教者が参加する。ジミー・カーター元米国大統領が「世界は今、宗教者の役割」と題して講演する。
	一一・四—五	第一二回世界連邦平和促進宗教者大会が京都府綾部市の中丹文化会館・大本みろく殿を会場に開催される。大会長は廣瀬静水人類愛善会会長。
一九九一	八・四	比叡山宗教サミット四周年世界宗教者平和の祈りの集いが開催される。
	一〇・二九	第一三回世界連邦平和促進宗教者大会が京都府八幡市の石清水八幡宮を会場に開催される。テーマは「いま、一つの世界を」、「新しい世界秩序をめざして（民族と宗教と環境）」。
	一〇・二九—一一・二	第四回アジア宗教者平和会議（ACRPⅣ）がネパール・カトマンズで開催される。基調テーマは「21世紀に向かうアジアの宗教」、北朝鮮、カンボジア、モンゴル、ブータンを含め二一ヶ国から三〇〇名の諸宗教者などが参加する。「カトマンズ宣言」を採択する。
一九九二	四・九—一〇	WCRP国際管理委員会がブラジル・リオデジャネイロで開催される。WCRP国際規約を採択、ウィリアム・ベンドレイ氏が事務総長に選出される。
	八・四	比叡山宗教サミット五周年世界宗教者平和の祈りの集いが開催される。
	一〇・一二	第一四回世界連邦平和促進宗教者大会が神奈川県川崎市の大本山川崎大師平間寺を会場に開催される。テーマは「新しい世界秩序をめざして（地球と人類の共生）」、大会長は高橋隆天真言宗智山派大本山川崎大師

		平間寺貫首。
	一一・六—九	ＷＣＲＰ中東会議が東京及び京都で開催される。テーマは「パレスチナ問題の解決と宗教の役割——中東における正義と平和をめざして」、会議には一三ヶ国と地域から、イスラーム、キリスト教、ユダヤ教の各宗教代表、ＷＣＲＰ国際委員会代表など三〇名、日本の宗教者ら二六〇名が出席する。
一九九三	七・二	第一五回世界連邦平和促進宗教者大会が大阪府大阪市の四天王寺を会場に開催される。テーマは「新しい世界秩序をめざして（民族の共生と和の思想）」、大会長は瀧藤尊教和宗四天王寺管長。
	八・四	比叡山宗教サミット六周年世界宗教者平和の祈りの集いが開催される。
	八・一九—九・五	「万国宗教会議百周年記念大会」のインド大会（八・一九—二二、バンガロール）、日本大会（八・二九—三〇、伊勢）、シカゴ大会（八・二八—九・五）が開催される。
	八・三一—九・三	ＷＣＲＰとユニセフ共催による「子どものためのアジア・太平洋宗教者会議」がオーストラリア・メルボルンで開催される。一四ヶ国から一〇〇名が参加する。日本から代表も参加。
一九九四	七・二	中国宗教界和平委員会（CCRP）が結成される。
	八・四	比叡山宗教サミット七周年世界宗教者平和の祈りの集いが開催される。
	九・一七	台湾宗教者和平会議（TCRP）が結成される。
	一〇・三—四	第一六回世界連邦平和促進宗教者大会が三重県伊勢市の皇學館大學・神宮会館を会場に開催される。テーマは「21世紀への新しい秩序を求めて（共生と祈り）」、大会長は久邇邦昭神宮大宮司。
	一一・三—九	第六回世界宗教者平和会議（WCRPⅥ）がバチカン及びイタリア・リバデガルダで開催される。基調テーマは「世界の傷を癒す——平和をめざ

		す宗教」、六三ヶ国から八五〇名の諸宗教指導者などが参加、「リバデガルダ宣言」を採択する。
一九九五	七・二八	世界宗教者平和会議（WCRP）が国連NGO諮問協議組織「カテゴリーI」（総合協議資格）に昇格する。
	八・四	比叡山宗教サミット八周年世界宗教者平和の祈りの集いが開催される。
	一〇・三一	第一七回世界連邦平和促進宗教者大会が東京都の真言宗豊山派宗務総合庁舎を会場に開催される。テーマは「新しい世界秩序をめざして（終戦50年萬霊追悼共生と平和の祈り—アジアの知慧を集結しよう）」、大会長は吉田俊誉真言宗豊山派管長。
	一一・四	WCRP日本委員会が設立二五周年を記念し、東京の国連大学でシンポジウム「21世紀への提言——日本会議」（通称サミット21）を開催、五年間継続し、最終年（一九九九年）に「21世紀の日本像」を発刊する。
一九九六	八・四	比叡山宗教サミット九周年世界宗教者平和の祈りの集いが開催される。
	一〇・一五—一九	第五回アジア宗教者平和会議（ACRPV）がタイ・アユタヤで開催される。基調テーマは「我ら、アジアの隣人どうし」、二五ヶ国から二七〇名の諸宗教指導者などが参加する。「アユタヤ宣言」を採択する。
	一二・一六	第一八回世界連邦平和促進宗教者大会が兵庫県神戸市の生田神社会館を会場に開催される。テーマは「新しい世界秩序をめざして（日本宗教者の針路）」、大会長は加藤隆久生田神社宮司。
一九九七	六・一	ボスニア四大最高宗教指導者が諸宗教評議会に合意し、「共通の道徳的コミットメントに関する声明」を発表する。またWCRPサラエボ事務所が設立され、ボスニア史上初めて、ボスニア諸宗教最高指導者会議が開催される。
	八・二—四	比叡山宗教サミット一〇周年世界宗教者平和の祈りの集いが開催される。

		「宗教協力と民族の和解」を中心に二一世紀の宗教の役割について討議。日本宗教代表者会議が主催、比叡山メッセージが発表される。一八ヶ国から七〇名の宗教代表者、延べ四〇〇〇名が参加。
一九九八	八・四	比叡山宗教サミット一一周年世界宗教者平和の祈りの集いが開催される。
	三・一六—一七	第一九回世界連邦平和促進宗教者大会が京都府京都市の京都センチュリーホテルを会場に開催される。テーマは「創立30周年記念大会」、大会長は櫻井勝之進多賀大社名誉宮司。
一九九九	三・九	第二〇回世界連邦平和促進宗教者大会が福岡県太宰府市の太宰府天満宮余香殿を会場に開催される。テーマは「世界の宗教教育（人類の共生倫理を確立しよう）」、大会長は西高辻信良太宰府天満宮宮司。
	三・一二	ＷＣＲＰシエラレオネ委員会が反政府ゲリラと交渉、五〇名の少年、少女兵の救出に成功する。
	八・四	比叡山宗教サミット一二周年世界宗教者平和の祈りの集いが開催される。
	一一・二五—二九	第七回世界宗教者平和会議（ＷＣＲＰⅦ）がヨルダン・アンマンで開催される。基調テーマは「共生のための地球的行動——新たな千年期における宗教の役割」、世界六五ヶ国から八五〇名の諸宗教指導者などが参加する。「アンマン宣言」を採択する。
	一二・二	第二一回世界連邦平和促進宗教者大会が愛知県名古屋市の熱田神宮会館を会場に開催される。テーマは「地球とすべての生命の声を聞こう」、大会長は小串和夫熱田神宮宮司。
二〇〇〇	五・一二	ＷＣＲＰ軍縮安全保障国際常設委員会は、核不拡散条約（ＮＰＴ）再検討会議（四・二四—五・一九）の会期中、シンポジウムを国連本部で開催する。テーマは「世界の安全保障と原則・価値」、杉谷義純ＷＣＲＰ日本委員会事務総長が講演する。

	五・一六—一八	第一回「子どものための宗教者ネットワーク」フォーラムが妙智會教団の主催により東京で開催される。主題は「祈りと実行。子どもの未来のために。」、三三ヶ国及び地域から三三〇名が参加。
	八・四	比叡山宗教サミット一三周年世界宗教者平和の祈りの集いが開催される。
	八・二三—三〇	ミレニアム世界平和宗教サミットが国連本部で開催され、WCRP日本委員会と世界連邦日本宗教委員会が共同事務局を結成、代表団を組織する。渡辺恵進天台座主、久邇邦昭神宮大宮司など日本の代表的宗教指導者が参加する。
	一〇・一三	第二二回世界連邦平和促進宗教者大会が京都府綾部市の大本長生殿・中丹文化会館を会場に開催される。テーマは「永遠の平和への道（共生きの祈り）」、大会長は出口聖子大本教主。
	一一・二八	WCRP日本委員会がWCRP三〇周年を記念して式典及びシンポジウムを国立京都国際会館で開催する。内外から一九〇〇名の宗教者及び関係者が参加、ヘルムート・シュミット元西ドイツ首相が「新たなる世紀における人間の責任」と題して講演する。
二〇〇一	八・四	比叡山宗教サミット一四周年世界宗教者平和の祈りの集いが開催される。
	一〇・二三—二四	「九・一一」テロを受け、国際諸宗教サミットをニューヨークで開催、六〇ヶ国からWCRP関係者など一三〇名の宗教指導者及び各国国連大使が参加する。被災地貿易センタービルにはまだ現場に近づけず、近くのカトリック教会で祈りを捧げ、翌日モスクを訪問。
二〇〇二	二・六—七	第二三回世界連邦平和促進宗教者大会が和歌山県白浜町のホテル三楽荘を会場に開催される。テーマは「日本人の原点に立ち返ろう（共生と祈り）」、大会長は吉田啓堂臨済宗妙心寺派興禅寺長老。
	五・八—一〇	ニューヨークで開催された国連子ども特別総会にWCRP代表者が参加

する。

六・三　スリランカ紛争和解のために、全日本仏教会並びにWCRP日本委員会の協力のもとに上座部仏教指導者（法王）と日本仏教者及び諸宗教指導者が東京で懇談会を開催、記者会見を行い、共同声明を発表する。

六・二四—二八　第六回アジア宗教者平和会議（ACRPⅥ）がインドネシア・ジョグジャカルタで開催される。テーマは「アジアの和解と協力」、二一ヶ国から五〇〇名が参加、「ジョグジャカルタ宣言」を採択する。

八・四　比叡山宗教サミット一五周年世界宗教者平和の祈りの集いが開催される。イスラームとの対話集会を中心として行われる。

一〇・一〇　カンボジア諸宗教評議会（CIC）が発足、プノンペンで行われた式典には、王宮・政府代表、各宗教代表五〇〇名が参加、「カンボジア宗教指導者共同声明」を発表する。

一〇・二一—二六　WCRP日本委員会の中国平和使節団（白柳誠一団長以下一三名）が中国を訪問、仏教、キリスト教、イスラーム、道教などの宗教代表者と交流を図る。

一一・二一　WCRP日本委員会「平和開発基金」から国連難民高等弁務官事務所に対し、「アフガン帰還民の住宅再建プロジェクト」として、一〇〇〇万円を寄付する。

一一・二一　第二四回世界連邦平和促進宗教者大会が東京都の増上寺大殿光摂殿講堂を会場に開催される。テーマは「日本を正し世界を変えよう（地球共生の祈り）」、大会長は成田有恒浄土宗大本山増上寺法主。

二〇〇三　二・二〇　WCRP日本委員会は、「イラク危機の平和解決を願う緊急集会宗教者祈りの集い」を比叡山延暦寺で開催、宗教指導者、加盟団体信徒など二三〇名が参加、声明文を発表する。

	八・四	比叡山宗教サミット一六周年世界宗教者平和の祈りの集いが開催される。
	一〇・七―一〇	WCRP日本委員会がカザフスタンに調査団を派遣、難民支援機関を視察、抑留日本兵及びドイツ兵墓地で慰霊供養を行う。
	一一・二二―二四	二〇〇三国連環境計画金融イニシアティブ東京会議にWCRP日本委員会代表が参加し、杉谷義純事務総長が提言を行う。
	一一・二四―二六	「核兵器廃絶――地球市民集会ナガサキ」にWCRP日本委員会代表が参加、各界及び一般市民を含め一五〇〇名が参加する。 WCRP国際委員会主催の東南アジア宗教女性会議がカンボジア・プノンペンで開催される。
	一一・二五―二六	第二五回世界連邦平和促進宗教者大会が長崎県長崎市の浦上天主堂・カトリックセンターを会場に開催される。テーマは「NO MORE WAR 戦争もうやめよう（共生の祈り・長崎）」、大会長は白柳誠一カトリック枢機卿。
	一二・八―一〇	ガーナ・アクラでアフリカ諸宗教指導者評議会（ACRL）の執行委員会が開催される。九日、WCRPガーナ委員会の発足式に同国大統領はじめ約一〇〇名の諸宗教指導者が参加する。
二〇〇四	三・二七	WCRP日本委員会は、WCRP国際委員会の要請により第八回WCRP世界大会を日本で開催することを決定する。
	四・二六―五・七	2005NPT 再検討会議が国連で開催され、それに合わせて、WCRP軍縮・安全保障国際常設委員会主催によるシンポジウムが開かれ、国連関係者、WCRP日本委員会代表など二一名が参加する。
	七・二二	WCRP平和シンポジウムを京都で開催する。テーマは「イラクにおける平和構築、諸宗教協力に課せられた役割」、イラクの諸宗教指導者を含む二〇〇名が出席、「イラク諸宗教者共同声明」を発表する。

	八・四	比叡山宗教サミット一七周年世界宗教者平和の祈りの集いが開催される。
二〇〇五	三・九―一〇	第二六回世界連邦平和促進宗教者大会が東京都の池上本門寺を会場に開催される。テーマは「人類に平和を（日本宗教者の祈りと使命）」、大会長に酒井日慈日蓮宗大本山池上本門寺貫首。
	四・一	WCRP日本委員会理事長の白柳誠一カトリック枢機卿が退任、新理事長に庭野日鑛立正佼成会会長が就任する。
	五・一―三一	WCRP日本委員会が国際自由宗教連盟（IARF）と共同で愛知万博に参加、「愛・地球博」地球市民村に出展する。
	八・四	比叡山宗教サミット一八周年世界宗教者平和の祈りの集いが開催される。
	一一・二九	第二七回世界連邦平和促進宗教者大会が大阪府大阪市の金光教泉尾教会を会場に開催される。テーマは「人類に平和を（世界連邦実現への道）」、大会長は三宅龍雄金光教泉尾教会長。
二〇〇六	八・四	比叡山宗教サミット一九周年世界宗教者平和の祈りの集いが開催される。
	八・二一―二五	WCRP青年世界大会が広島及び京都で開催される。基調テーマは「平和のために集う青年宗教者（あらゆる暴力をのり超え、共にすべてのいのちを守るために）」。四五ヶ国から三九〇名の青年宗教者が参加する。
	八・二六―二九	第八回世界宗教者平和会議（WCRPⅧ）が京都国際会館で開催される。基調テーマは「平和のために集う諸宗教（あらゆる暴力をのり超え、共にすべてのいのちを守るために）」。会議には約一〇〇ヶ国から正式代表を含む二〇〇〇名の宗教者及び関係者が参加し、WCRP史上最大規模の世界大会となる。
	一〇・二四―二五	アジア宗教者平和会議（ACRP）創立三〇周年、韓国宗教人平和会議（KCRP）創設二〇周年記念式典が韓国で開催される。
	一一・二九	第二八回世界連邦平和促進宗教者大会が東京都の國學院大學百周年記念

		館を会場に開催される。テーマは「人類に平和を（新世紀における諸宗教の対話と行動）」、大会長は矢田部正巳神社本庁総長。
二〇〇七	八・四	比叡山宗教サミット二〇周年世界宗教者平和の祈りの集いが開催される。国連にある平和の鐘と同じ鐘が寄贈される。ボスニアから戦争犠牲者の子どもたちが招待される。
	一〇・四―一五	ミャンマー情勢に関する緊急署名キャンペーンの実施。
	一一・二一	第二九回世界連邦平和促進宗教者大会が静岡県三島市の三嶋大社を会場に開催される。テーマは「宗教者の果たすべき使命と役割（宗教協力の原点に立ち返って）」、大会長は矢田部正巳三嶋大社宮司。
二〇〇八	七・二―三	「平和のために提言する世界宗教者会議（Ｇ８北海道・洞爺湖サミットに向けて）」が札幌コンベンションセンターを会場に開催され、日本をはじめとするＧ８諸国並びにアフリカ、アジア、中東、欧州、北米、南米の二三ヶ国から宗教指導者ら約三〇〇名が参加。
	八・四	比叡山宗教サミット二一周年世界宗教者平和の祈りの集いが開催される。
	一〇・一七―二〇	第七回ＡＣＲＰ大会がフィリピン・マニラ市のサント・トマス大学並びにマニラホテルにて開催され、アジア二四ヶ国から約四〇〇名の諸宗教指導者、信徒が参加。
	一一・二六	第三〇回世界連邦平和促進宗教者大会が沖縄県糸満市の沖縄平和祈念堂を会場に開催される。テーマは「今、信仰者に何が求められているのか」、大会長は長渡一憲立正佼成会沖縄教会長。
二〇〇九	八・四	比叡山宗教サミット二二周年世界宗教者平和の祈りの集いが開催される。
	一一・二八	第三一回世界連邦平和促進宗教者大会が神奈川県川崎市の大本山川崎大師平間寺を会場に開催される。テーマは「信仰者の使命と役割（地球の未来を創造する道）」、大会長は藤田隆乗真言宗智山派大本山川崎大師平

		間寺貫首。
二〇一〇	五・一—五	核不拡散条約（NPT）再検討会議へＷＣＲＰ日本委員会の代表者が参加。
	八・四	比叡山宗教サミット二三周年世界宗教者平和の祈りの集いが開催される。
	九・二〇—二二	ＷＣＲＰ創設四〇周年記念事業を京都、奈良で実施。ＷＣＲＰ日本委員会では核兵器廃絶と貧困撲滅を訴える「ARMS DOWN! 共にすべてのいのちを守るためのキャンペーン」を実施。日本全国で一〇〇〇万名の署名が寄せられた。
	一一・二六	第三二回世界連邦平和促進宗教者大会が大阪府大阪市の念法眞教総本山小倉山金剛寺を会場に開催される。テーマは「生命の多様性を考える（信仰者としての環境問題とは）」、大会長は桶屋良祐念法眞教教務総長。
二〇一一	八・四	比叡山宗教サミット二四周年世界宗教者平和の祈りの集いが開催される。
	一一・一九—二〇	東京のアラブ・イスラーム学院主催の国際シンポジウムへＷＣＲＰ日本委員会の代表者が参加。
	一一・二九	第三三回世界連邦平和促進宗教者大会が岡山県岡山市の黒住教本部を会場に開催される。テーマは「世界連邦運動の原点に立ち返って（世界の恒久平和への祈り）」、大会長は黒住宗晴黒住教教主。
二〇一二	八・四	比叡山宗教サミット二五周年世界宗教者平和の祈りの集いが開催される。テーマは「自然災害の猛威と宗教者の役割」。核エネルギー依存脱却を訴える。
	一一・二八	第三四回世界連邦平和促進宗教者大会が神奈川県鎌倉市の鶴岡八幡宮を会場に開催される。テーマは「歴史に学ぶ（先人の叡智を未来につなぐ）」、大会長は吉田茂穂鶴岡八幡宮宮司。
二〇一三	八・四	比叡山宗教サミット二六周年世界宗教者平和の祈りの集いが開催される。

	一一・二〇—二二	第九回ＷＣＲＰ世界大会がオーストリア・ウィーン市内にあるヒルトン・ウィーン・アム・シュタットパークにおいて開催される。大会テーマは「他者と共に生きる歓び（人間の尊厳を守り、地球市民らしく、幸せを分かち合うための行動）（Welcoming the Other—Action for Human Dignity, Citizenship and Shared Well-being）」。約一〇〇の国と地域から六〇〇名を超える宗教代表者、国連・政府などの関係者らが参加。
	一一・二八	第三五回世界連邦平和促進宗教者大会が東京都の立正佼成会本部を会場に開催される。テーマは「自然災害から受け継ぐもの（わたしたちは忘れません）」、大会長は渡邊恭位立正佼成会理事長。
二〇一四	八・四	比叡山宗教サミット二七周年世界宗教者平和の祈りの集いが開催される。
	八・二五—二八	第八回ＡＣＲＰ大会が仁川市のソンド・コンベシアにおいて開催される。大会テーマは「アジアの多様性における一致と調和」。二六ヶ国から約四五〇名の宗教代表者が参加。
	一二・二〇	第三六回世界連邦平和促進宗教者大会が三重県伊勢市の神宮会館を会場に開催される。テーマは「平和への原点を求めて（共生きと日本人の心）」、大会長は鷹司尚武神宮大宮司。
二〇一五	四・九—一〇	世界イスラーム連盟（MWL）とＷＣＲＰ日本委員会の共催、日本ムスリム協会の協力のもと、「ムスリムと日本の宗教者との対話（平和のための共通のヴィジョンを求めて）」をテーマに東京でシンポジウムが開催される。ＭＷＬに加盟するパキスタン、マレーシア、韓国、チャイニーズ・タイペイ、インドネシアのイスラーム指導者、日本のイスラーム、キリスト教、仏教、神道などの指導者、学者約三〇〇名が参加。
	四・二一	核兵器・不拡散議員連盟（PNND）日本とＷＣＲＰ日本委員会との合同軍縮会合が参議院議員会館で開催され、衆参両院の議員、ＷＣＲＰ日本

委員会役員ら約三〇名が参加。

四・二七　NPT再検討会議が国連本部で開催される。WCRP日本委員会から杉谷義純理事長（WCRP国際軍縮・安全保障常設委員会委員長）が参加、宗教者の代表として提言を行う。

八・四　比叡山宗教サミット二八周年世界宗教者平和の祈りの集いが開催される。

八・六　イタリアの聖エジディオ共同体、世界連邦日本宗教委員会、WCRP日本委員会、三団体共催による原爆投下七〇年シンポジウム「二度と戦争を起こさない（核兵器廃絶をめざして）」が広島市で開催される。宗教者、識者、政治家、市民など約二五〇人が参加。

一一・五　第三七回世界連邦平和促進宗教者大会が山梨県富士吉田市の神道扶桑教富士山元祠を会場に開催される。テーマは「日本の自然と世界平和（終戦七十年をむかえて）」、大会長は宍野史生神道扶桑教管長。

一一・六　「核兵器廃絶に向けた科学者と宗教者との対話集会」がWCRP日本委員会と長崎県宗教者懇話会との共催で開催される。科学者、宗教者、市民ら約一二〇名が参加。

二〇一六

四・四―八　WCRPミャンマー委員会の代表が来日。ミャンマーの諸宗教、カトリック、イスラーム、仏教の代表と日本の宗教代表者が意見交換を行う。

五・一二―一三　国連の「文明の同盟」とWCRP国際委員の共催のもとに「ムスリム多数派国における少数者保護」をテーマに、意見交換会が開催された。イスラームのスンニ、シーア派の各指導者はじめ、仏教、キリスト教など六〇名を越える国際的に著名な宗教指導者が参集、「最終コミュニケ」を発表、宗教の名を冠したテロは絶対容認しない姿勢を明確にした。

八・二―三　国際司法裁判所が原爆は道義的に違法であると勧告的意見を発表して二〇周年を記念して核廃絶をめざす特別シンポジウムが東京で開催される。

		WCRP日本委員会が主催し、宗教代表、被爆者代表、専門家など四〇名が参加。
	八・四	比叡山宗教サミット二九周年世界宗教者平和の祈りの集いが開催される。
	一〇・二六	ACRP創設四〇周年記念シンポジウムが京都国際交流会館で開催される。アジア各国の宗教代表はじめ約二〇〇名が参加。
	一一・二五	第三八回世界連邦平和促進宗教者大会が福岡県宗像市の宗像大社を会場に開催される。テーマは「海の道から導かれた世界平和への智慧」、大会長は葦津敬之宗像大社宮司。
二〇一七	五・一四—一五	ベトナム、ラオスの諸宗教代表団が初来日。WCRP日本委員会が受け入れ交流を図る（仏教、カトリック、イスラーム）。
	五・二〇	ACRP執行委員会が中国・北京で開催され、新たに事務総長に根本信博師が選出される。
	八・三—四	比叡山宗教サミット三〇周年記念世界宗教者平和の祈りの集いが開催される。あわせて京都東山将軍塚で戦争犠牲者並びに自然災害殉難者鎮魂の祈りを行う。比叡山メッセージ2017を発信。参加者約二〇〇〇名。
	一一・二九	第三九回世界連邦平和促進宗教者大会が長崎県平戸市の平戸文化センターを会場に開催される。テーマは「世界連邦日本宗教委員会創設五〇年の節目を迎えて（世界連邦運動のあゆみをふりかえる）」、大会長は髙見三明カトリック長崎大司教区大司教。

あとがき

九・一一同時多発テロ事件以来、世界は変わったとする見方があります。二〇〇一年九月十一日朝、米国の繁栄の象徴とされていた、ニューヨークにある「世界貿易センタービル　ツインタワー」に次々とジェット機が衝突しました。この様子は日本でもテレビで見ることができ、その惨状は世界中を戦慄に陥れたものとして、多くの人々の記憶に残っています。ビル倒壊による三千人以上に及ぶ犠牲者を出したこの事件は、イスラーム過激派による自爆テロであることが判明しました。ところが当時のブッシュ米国大統領が「これはたんなるテロではなく、米国に対する戦争である」と位置づけたことによって、歴史は大きく展開していったといえましょう。

戦争とは元来国家対国家の紛争ですが、戦争の一方が米国という国家で、もう一方が政府も領土も国民も持たないテロリストの集合体、ということになると、「非対称の戦争」という、今までにない新しい形態の戦争ということになります。そうなるといったい何が戦っているのでしょうか。そこで文明の衝突という見方が出てきます。

今まで一般に先進国では、歴史の発展は、人類が近代文明を獲得することによって、宗教伝統や民族意識が次第に稀薄になる、いいかえれば過去の遺物のようになっていくという言説が、当たり前のように思われていました。すなわち民族感情はグローバリズムや、文化の共有によって融和して発展していくと考えられていました。近代化による物質文明や自由や人権の視点から諸制度が整備され、人類に幸福な未来が約束されているとしていたのです。

しかしこの近代化によるグローバリズムと定義されたものが、実は真のグローバリズムではなく、近代化至上主義、すなわち米国を中心とする西欧文明の巨大化ではないか、という疑問が出されはじめました。そうなると現在のグローバリズムは、一種のナショナリズムではないかということになります。この視点を持たないと、現在の複雑化したテロ事件の解明はいっそう困難となっていくでしょう。

真のグローバリズムは、ひとつのナショナリズムが他を超克していくのではなく、ひとつひとつのナショナリズムが共存しながら調和していくことにより、達成されていくのではないかと思われます。そのとき忘れてはならないのが宗教の問題です。人間のアイデンティティと深く関わりのある宗教が、急速な近代化の波に飲み込まれたように思われていましたが、九・一一事件を境に問い直されようとしています。

文明の衝突が指摘されるようになり、次第に宗教問題が学界で取り上げられるようになりましたが、それは神学的レベルのものが少なくありません。そこで民衆レベルの信仰に基づいた対話こそ重要であるとの提言が学界の中でも、出されるようになってきました。

それでは以上のような時代の動きの中で、宗教界はいったいどういう姿勢をとってきたのでしょうか。紛争の原因に宗教対立があると、一般的にはいわれてきました。しかし真相をみると利害の対立から紛争が起こり、当事者の民族や宗教が異なっていたために、紛争が激化したことが少なくありませんでした。そこで宗教間の対話の必要性がいわれるようになりました。なかでもカトリック教会は一九六五年、正式にキリスト教以外の宗教も価値あるものと認め、共存していく方針を決定しました。それ以来今まで一部の宗教者間でのみ行われていた諸宗教の交流が、宗教界において次第に市民権を得るようになっていったのです。

そこで本書は、特に日本の宗教者が宗教間対話にどのように取り組んできたかを紹介するものであります。宗教の歴史からみればまだ緒についたばかりの宗教間の対話と交流が、真のグローバリズムと平和にどのような貢献ができるのか、これから問われていくことになるでしょう。

本書はたんなる記録に近いようなものになってしまいましたが、出版にあたり、春秋社の神田明会長と澤畑吉和社長の御厚意と編集部の佐藤清靖氏、並びに豊嶋悠吾氏及び天台ジャーナルの横山和人氏とＷＣＲＰ日本委員会の篠原祥哲氏のお力添えに深く感謝申し上げます。

杉谷義純

平成三十年一月

著者紹介

杉谷義純（すぎたに・ぎじゅん）

1942年、東京に生まれる。

1966年、慶応大学法学部法律学科卒業。

1972年、大正大学大学院博士課程修了。

その後、寛永寺一山・円珠院住職、寛永寺執事、比叡山宗教サミット事務局長、天台宗宗務総長、文科省宗教法人審議会委員、大正大学理事長、寛永寺長臈などを歴任。現在、三十三間堂本坊妙法院門跡門主、天台宗宗機顧問会会長、世界宗教者平和会議（WCRP）理事長など。著書に『比叡山と天台のこころ』『仏教から現代を問う』『はじめての法華経』（春秋社）、共著『生きる』（産経新聞社）、『仏教名句・名言集』（大法輪閣）など。

平和への祈り——宗教間対話の可能性

2018年2月10日　第1刷発行

著　者＝杉谷義純
発行者＝澤畑吉和
発行所＝株式会社 春秋社
〒101-0021　東京都千代田区外神田2-18-6
電話　03-3255-9611（営業）　03-3255-9614（編集）
振替　00180-6-24861　http://www.shunjusha.co.jp/
装　丁＝河村　誠
印刷所＝株式会社 太平印刷社
製本所＝黒柳製本株式会社

ISBN978-4-393-29949-4　定価はカバーに表示してあります